$5.-

LIBRERIA DIOGENES II
de R. IGNACIO PAVIOLO
VENTA Y CANJE DE LIBROS
Av. CORRIENTES 1851 CAP. FED. (1045)
TEL: 4371-5228
E-mail: libreriaslibertador@uolsinectis.com.ar

Estimado Sr. Bush

emecé lingua franca

Gabe Hudson

Estimado Sr. Bush

Traducción de Juan José Estrella

emecé editores

```
813      Hudson, Gabe
HUD      Estimado Sr. Bush.- 1ª ed. – Buenos Aires :
         Emecé, 2003.
         200 p. ; 22x14 cm.- (Lingua franca)

         Traducción de: Juan José Estrella

         ISBN 950-04-2455-X

         I. Título – 1. Narrativa Estadounidense
```

.Emecé Editores S.A.
Independencia 1668, C 1100 ABQ, Buenos Aires, Argentina
http://www.planeta.com.ar

Título original: *Dear Mr. President*

© *Gabe Hudson, 2002*
© *Editorial Planeta, S.A., 2003*
  Barcelona, España
© *2003, Emecé Editores S.A.*

1ª edición: 4.500 ejemplares

Impreso en Talleres Gráficos Leograf S.R.L.,
Rucci 408, Valentín Alsina,
en el mes de abril de 2003

Reservados todos los derechos. Queda rigurosamente prohibida,
sin la autorización escrita de los titulares del "Copyright", bajo
las sanciones establecidas en las leyes, la reproducción parcial o total
de esta obra por cualquier medio o procedimiento, incluidos
la reprografía y el tratamiento informático.

IMPRESO EN LA ARGENTINA / PRINTED IN ARGENTINA
Queda hecho el depósito que previene la ley 11.723
ISBN: 950-04-2455-X

Índice

La curación en mi caso	13
Travestido	37
Estimado Sr. Bush	59
La gran maquinaria estadounidense	83
El general Schwarzkopf recuerda sus humildes inicios	95
Misión en las afueras de Bagdad	99
Eso lo dijiste tú, no lo digo yo	111
Notas desde un búnker de la Autopista 8	129

A mis infatigables madre y padre.

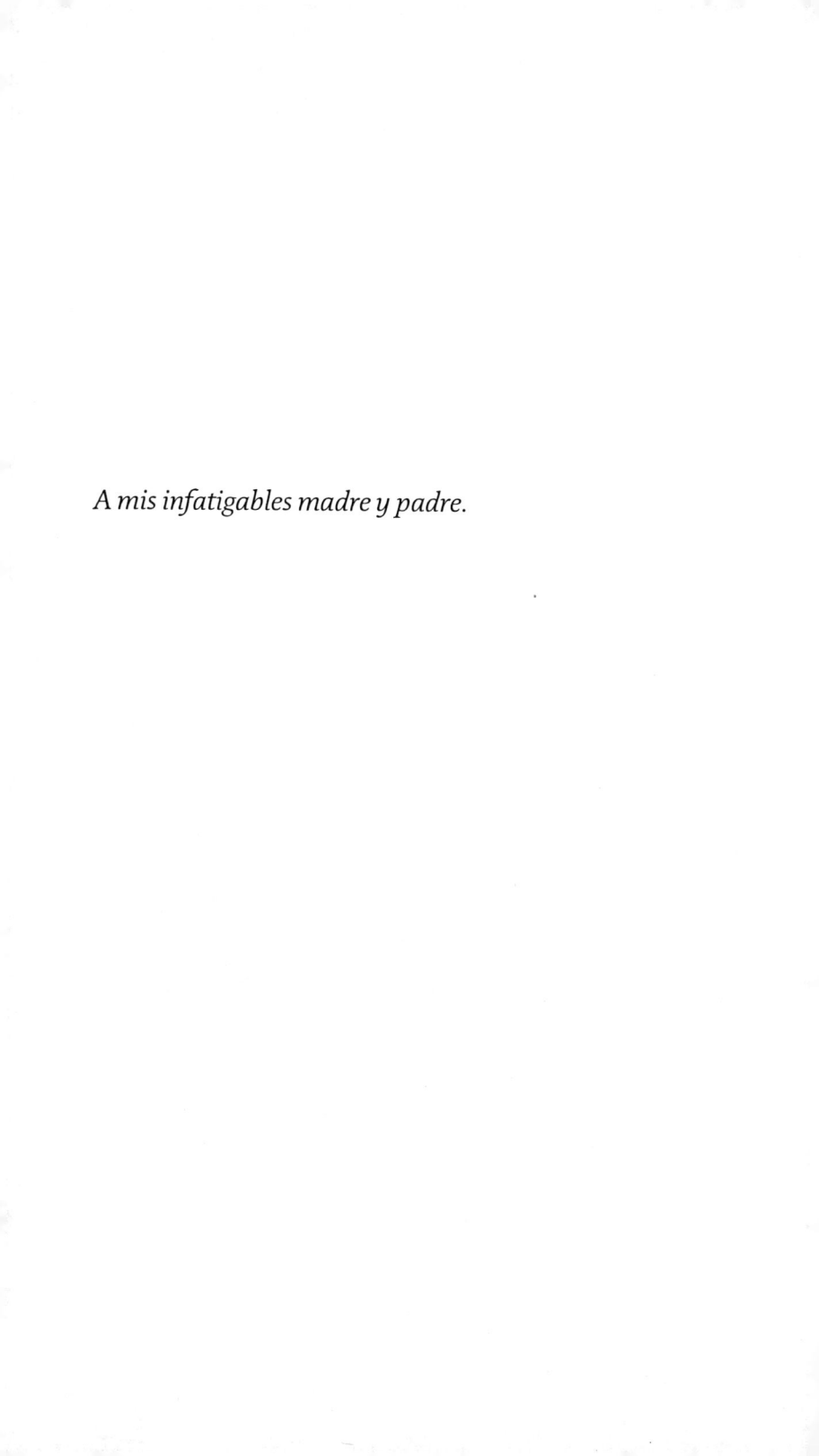

Porque yo no podía detener la muerte.

EMILY DICKINSON

La curación en mi caso

Seguramente debería empezar con la irrupción de Témeme en mi vida. Era viernes por la noche y yo estaba tirado en el suelo, divirtiéndome con Whiskers mientras esperaba a que Gloria llegase del trabajo. Whiskers y yo jugábamos al juego del cordón, que consistía en que yo movía un cordón de zapato por el suelo y Whiskers lo perseguía, intentando agarrarlo con las zarpas. Whiskers es un gato atigrado color caramelo que me encontré en un tacho de basura poco después de trasladarme a Providence. Levanté la tapa y ahí estaba, sobre un montón de cajas de pizza y tetrabricks de leche vacíos y revistas de moda y cables de computadora viejos, con la lengua fuera y un halo de moscas alrededor de la cabeza.

Entonces, en cierto momento, Whiskers dejó de perseguir el cordón, fingiendo aburrimiento, y giró para mirarme con su ojo verde bueno.

—Miaaaau.

Le acaricié la cabeza y me reí.

—Está bien, aguanta un poco.

Abrí una lata de atún mientras él daba volteretas y se revolcaba junto al plato, soltando un tornado de pelos en el aire. Fue entonces, mientras sacaba el atún con la cuchara, fue entonces, digo, cuando un estrépito de cristales rotos resonó en el departamento.

Me acerqué corriendo al dormitorio, porque el ruido había venido de allí, y en el suelo, tapizado de trozos de vidrios, había una pelota de básquet vieja. Supuse que a alguien se le había ido la mano, y me descubrí pensando si debería hacerle pagar por la ventana rota y decidiendo que no, porque esas cosas pasan y porque a mí también me encanta tratar de encestar de vez en cuando, pero entonces me di cuenta de que las canchas estaban a casi cien metros de allí, por lo menos, y de que, además, yo vivía en un tercer piso. ¿Qué mierda era aquello?

El corazón se me encogió.

Levanté la pelota y la miré a la luz. Me di cuenta de que había algo escrito con rotulador. ¿QUIERES JUGAR A SHERLOCK HOLMES? Volví a leerlo. ¿QUIERES JUGAR A SHERLOCK HOLMES? De pronto me di cuenta y dejé caer la pelota al suelo. Saqué la cabeza por la ventana rota e intenté ver algo en la oscuridad.

—¡Eh! —grité—. ¡Déjame en paz!

En la calle, alguien empezó a reírse a carcajadas, y di vuelta la cabeza para ver quién era, intentando poner mi peor cara.

Pero no se veía nada.

El Síndrome del Golfo es algo distinto en cada caso, y en el mío supe que algo no iba bien cuando, dos meses después de volver al mundo, procedente de la «Tormenta del Desierto», el pelo de la cabeza se me puso totalmente blanco. Aun así, me pasé las dos semanas siguientes haciendo como que no era nada, intentando convencerme a mí mismo de que aquello era un contratiempo pasajero y de que dentro de muy poco volvería a recuperar mi pelo castaño de siempre. ¿Cómo iba a ser de otro modo? Porque, ¿cuántos años tenía? ¿Veinticuatro? ¿A punto de cumplir veinticinco? ¡Pero si aún era un chico en todos los sentidos de la palabra!

Y luego se me cayó. De pronto era calvo. Aquello ya era más que un golpe bajo; ser calvo era algo así como que me hubieran cortado las dos manos y me las hubieran metido en la boca. Diga lo que diga la gente, perder el pelo es la peor tragedia posible, y así me encontré, hundiéndome a toda velocidad, empujado sin remedio al precipicio de oscuridad y desesperación que todo calvo sufre en silencio.

Y al momento cambié mi línea de razonamiento y acepté que el pelo no me estaba creciendo, ni el pelo castaño de antes ni el blanco de después, e intenté convencerme de que mi calva me quedaba muy bien, que hasta era sexy (además, aún tenía la juventud); al menos aquello era lo que me decía mi novia, Gloria.

—Mi viejito atractivo —murmuraba entre arrullos.

Incluso intentaba convencerme a mí mismo de que ya no volvería a aceptar mi pelo de antes si decidiera volver a crecer, que me raparía a cero. Y además, eso de tener pelo era una estupidez; pelo puede tener hasta el más tonto, pero no todo el mundo puede ser calvo, etcétera, etcétera.

Pero entonces, a finales de febrero, un par de semanas después de cumplir los veinticinco, me disloqué la muñeca misteriosamente mientras intentaba hacer un tiro fácil en la cancha. En cuanto solté la pelota noté como si alguien me hubiera dado un martillazo en la muñeca, y entonces fue cuando me acerqué a ver al doctor Himmons. Inmediatamente me pidió un montón de pruebas y de radiografías, y una semana después ya estaba de nuevo en su consulta para buscar los resultados. El doctor Himmons me pidió que me sentara, pero aún no lo había hecho cuando él ya puso las radiografías contra la luz y me desmayé. Tenía el esqueleto acribillado a agujeros. Parecía que un gusano se hubiera dedicado a hacer túneles en mis huesos. Cuando me desperté, el doctor Himmons lloraba en silencio y me sostenía la cabeza entre las manos.

—Lo siento mucho, Larry. Dios mío, lo siento mucho.

Y me dijo que tenía el síndrome de la guerra del Golfo, y que en mi caso ese síndrome de la guerra del Golfo hacía que los huesos se me desintegraran a un ritmo frenético, y que si las cosas seguían así en menos de un año no me quedaría ningún hueso en el cuerpo, y que no se podía hacer nada. Iba a convertirme en un bulto humano.

Una media hora después de que la pelota entrara en casa rompiendo el cristal, llamé a Gloria al trabajo, le conté lo que acababa de suceder y le dije que, dadas las circunstancias, tal vez era mejor que aquella noche no nos viéramos.

—Voy para allá —dijo en un susurro.

Diez minutos después llamaron a la puerta. Cuando la abrí, Gloria entró apartándome de un manotazo.

—¡Enséñame esa ventana! ¡Es que no lo creo! ¡Ese hijo de puta! ¡Se va a enterar! ¡Enséñame esa ventana, carajo!

Aquella misma noche, después de recoger los cristales rotos y de rescatar a Whiskers de debajo del sofá, empezó a hacerme un masaje con una crema, intentando aliviarme el dolor de huesos que hacía que me sintiera como oxidado. Yo estaba echado boca abajo, con los brazos extendidos como Jesucristo. Gloria iba pasándome el borde de la mano por la columna.

—Mmm, qué bien, Gloria. No pares.

Cuando volví del golfo Pérsico, y de aquello hacía ya un año y medio, me di de baja del ejército, hice el equipaje y me trasladé desde San Francisco hasta Providence. Vivía del sueldo de ex combatiente, y pensaba inscribirme en Brown en otoño para cursar la especialidad de Estudios Religiosos. En el instituto me habían dado becas por méritos, y ya en el último año me confirmaron la admisión en Brown, pero entonces, en el último segundo, a causa de una epifanía muy sobrevalorada que me llegó tras un empacho de Hemingway, opté por no ir y cambié las aulas por la vida. Aquello se tradujo en los seis años que pasé como fusilero del ejército. Pero ahora estaba dispuesto a retomar las cosas donde las había dejado, así que cuando la gente me preguntaba qué quería ser, yo les decía: «Pastor». Me imaginaba a mí mismo junto a una ruta, un viejo en lo alto de una montaña, junto a mi dócil rebaño de machos cabríos, con una barba plateada que me llegaba a los pies desnudos.

Mientras recogíamos los cristales, Gloria me había estado pinchando para que le hiciera algo a Témeme y a su banda en venganza por lo de la pelota. Y ahora, mientras me daba el masaje, volvió a sacar el tema.

—Vamos, Larry, piénsalo un poco. Dales un escarmiento, carajo. Acaba con este tema de una vez por todas.

Gloria era lo-mejor-que-me-había-pasado-en-la-vida. La había conocido el mismo día en que llegué al barrio. Bajé al supermercado y ella se fijó en mi corte de pelo y en seguida empezó a coquetear conmigo desde el mostrador de la caja, haciéndome preguntas sobre el ejército.

—Tienes buen culo —me dijo.

Sí, es un poco descarada, pero no ha tenido una vida fácil y en el fondo es un ángel con un corazón de oro puro, y hace que todas las demás mierdas merezcan la pena. Gloria fue un prodigio del ballet hasta los diez años, y su profesor, Jacques, se pasaba el día diciendo que iba a demostrárselo al mundo entero, pero entonces, durante una representación de *El lago del brujo*, dio un salto, y, al caer sobre «los nenúfares mágicos», la cabeza se le fue hacia atrás como si alguien se la hubiera estirado con una cuerda, y cayó desnucada. Resultó que la pierna derecha le había crecido dos centímetros más que la izquierda, y en el año siguiente aún habría de crecerle otros cinco. Aquel mismo año la echaron de la academia de baile y llevó a cabo el primero de sus muchos intentos de suicidio. Ahora no se le notaba nada de todo aquello, a menos que te fijaras mucho y vieras que el tacón de la bota derecha era siete centímetros más alto que el izquierdo.

Me puse de costado.

—Déjalo ya, Gloria. Olvídate del tema. Los chicos se emborrachan y hacen cosas. No es para tanto.

—Mira, acabas de decir la idiotez más grande que he oído en la vida —dijo Gloria—. ¿Te crees que Témeme va a olvidarse del tema? Lo avergonzaste delante de su gente. Y éste es su territorio.

Témeme era el chico malo del barrio. Témeme tenía la palabra «Témeme» tatuada en el pecho con grandes letras góticas, los ojos azules, fieros, y la cabeza rapada, y una de esas billeteras que se atan con una cadena. Una vez lo había visto cagar en el capó de un Chrysler azul que estaba parado en un semáforo en rojo. Gloria había ido con él al colegio y me había dicho que en realidad se llamaba Donald.

—Eh —insistió—. Fuiste tú el que se hizo el vivo. Ahora vas a tener que solucionarlo.

Me había metido en una pelea con Témeme y su gente en la cancha de básquet hacía unos días. Habíamos jugado un partido bastante sucio, íbamos empatados y era el último punto. Todos estábamos sudando y gritando y nos marcábamos mucho. De pronto, Témeme fue esquivando a los de mi equipo como un kamikaze y lanzó lo que parecía un doble tanto seguro. Pero a mí no me había visto. Salí de la nada, me acerqué corriendo y salté al mismo tiempo que él.

Cacé al vuelo el tiro de Témeme, crucé la pista con la pelota y marqué el tanto que nos dio el triunfo. Supongo que podría haberme conformado con aquello, pero reconozco que me hice un poco el vivo y lo celebré con un giro de trescientos sesenta grados. Me colgué del aro y grité «¡Sí!». Él llegó corriendo y apenas puse un pie en el suelo me empujó.

—Te pasaste de listo, desgraciado. ¿Tienes algún problema, soldadito? ¿Eh?

—Lo siento, no quería ofenderte. No quiero problemas —tuve que decirle al final.

Y ahora Gloria me estaba masajeando los hombros, presionando con los pulgares. Me di vuelta y la miré.

—Hay cosas que tú no entiendes, Gloria. Créeme. Yo no...

—Tú has sido fusilero del ejército, por el amor de Dios. Liquidaste a aquellos iraquíes en la cima de Al Mutlaa. No hagas como que no los liquidaste. ¿Quieres saber lo que tienes que hacer? Agarras a esos imbéciles, les cortas las lenguas, y te haces un collar con ellas. Ya veremos entonces quién tiene la última palabra.

Suspiré. Estaba empezando a arrepentirme de haberle contado que un día mi batallón había tomado la cima de Mutlaa, que nos habíamos tropezado con los iraquíes que estaban retirándose hacia Bagdad y que los iraquíes habían vuelto y habían retomado la cima de la montaña. Nuestro objetivo era dividirlos, rodearlos, realizar con ellos la famosa maniobra de gancho de izquierda de

Schwarzkopf, con la que la victoria de las fuerzas aliadas estaría asegurada. Todo aquello pasó en la autopista de Kuwait que acabaría conociéndose como la Autopista del Infierno. ¿Qué más puedo decir? Llegué al golfo Pérsico loco y sediento de sangre. Creía que podría justificar mi vida si se la arrebataba a los demás, que establecería el Gran Diálogo de la Guerra que el hombre lleva manteniendo desde el principio de los tiempos, que la guerra era, en cierto sentido, la forma más perfecta de divinidad. Así que dos días después del día G, que es como los medios de comunicación insistían en llamar al primer día de operaciones terrestres —que se iniciaron una vez que los marines habían asegurado Kuwait—, mi pelotón de fusileros mecanizados y otros tres nos adentramos en el desierto en nuestros vehículos de combate Bradley.

Allí abajo, en las entrañas del tanque, íbamos saltando en los asientos, y recuerdo que durante una fracción de segundo cerré los ojos y me sentí como si volviera a tener ocho años y fuera apretado en el asiento trasero de la Dodge Caravan de la madre de Danny Gordon, camino de nuestro partido de fútbol de los sábados, con la diferencia de que aquello no era una Dodge Caravan y en medio de aquella locura no había ni rastro de la madre de Danny Gordon: aquello era un vehículo de combate LAV que funcionaba con un motor de la General Motors de 275 caballos de potencia, y encima de nosotros Haden Fark, el artillero, iba al mando de un cañón Bushmaster de 25 mm, abriendo inmensos boquetes en los T-55 y los T-56 iraquíes que intentaban detener nuestra masacre. Oía a Fark gritar:

—¡Sí, el doctor Fark está en casa! ¡El tejado está en llamas! ¡Eso es! No, no necesitamos agua, ¡que se quemen esos hijos de puta!

Fark también usaba sus radares Firefinder AN/TPQ-36, y cada vez que algún proyectil iraquí explotaba cerca de nosotros, su computadora trazaba al momento en pantalla su parábola virtual y deducía las coordenadas del punto desde el que había sido disparado. Entonces lanzaba un obús M-1093A-3 autopropulsado y machacaba al estúpido iraquí que nos lanzaba proyectiles desde lejos. El lanzamiento del obús desde nuestro Bradley amenazaba con reventarme los oídos, y, a través de mi periscopio, mientras atravesábamos los campos petrolíferos de Al Manauish, capté un retazo de sol rojo e impúdico, oscurecido por la humareda negra que salía de los pozos en llamas.

El mando de nuestro pelotón, Riggins, gritó:

—¡Abran fuego! ¡Fuego! ¡Fuego!

Aún atontado, levanté una de las escotillas y fuimos saltando y cayendo a la arena boca abajo, y vimos a los iraquíes que disparaban desde las ventanas de una comisaría de policía que había en lo alto del repecho. Apreté el automático de mi M-16 y a ciegas dejé que las chispas empezaran a saltar. No veía una mierda. Hubo un destello muy brillante que salía de una de las ventanas del tercer piso de la comisaría, y un misil RPG se estrelló contra nuestro Bradley, abriéndole un boquete en un costado. Fark salió por la escotilla del artillero y fue hasta la parte trasera, arrastrándose. Bobby D. fue el primero en subir. En su carrera tropezó con una alambrada con detonadores que lo lanzó disparado tres metros arriba mientras sus piernas pataleaban en el aire tras él, como si fuera montado en una Stair Master. Desde unos matorrales que había a la derecha, unos iraquíes salieron pegando gritos y disparando. Una bala me pasó rozando la oreja. Vi a Trigger y a Bogaloo caer muertos sin decir ni pío. Todos se esparcían a la vez por todas partes. Se oyó un grito agudo, y Riggins, que en realidad estaba justo a mi lado, se levantó hecho una bola de fuego. Tuvimos que atravesar la autopista y llegar al edificio de la policía que estaba del otro lado. La gente gritaba:

—¡Adelante, adelante!

Yo solté un grito de los que hielan la sangre y me metí en la humareda, en dirección al repecho.

En mi carrera, crucé a toda prisa aquella maldita Autopista del Infierno, abandonada a su suerte, y fui a aterrizar de cabeza en una zanja profunda que había al otro lado. Cuando levanté la vista había dos soldados iraquíes apoyados en sus mochilas que estaban tomándose el desayuno que se habían preparado en un hornillo de gas. Pero un par de botas se interpusieron en mi línea de visión, y de pronto noté que el delgado cañón de una pistola del 45 me aplastaba la nariz contra la cara. Al mirar la punta del arma bizqueé. Me faltaba el aire y los sonidos de la batalla parecían estar a kilómetros de allí. Una voz en inglés, con fuerte acento árabe, que supuse pertenecía a aquellas botas, dijo:

—Bueno, bueno, bueno, ¿qué tenemos por aquí? Parece que este pajarito se ha alejado mucho de su nido. ¿Has venido en nombre de Norteamérica para aplicarnos un poco más de la Construcción Nacional de ustedes? No, no, has venido a negociar el precio del petróleo, supongo. ¿Sabes cuál es el precio del petróleo, míster América?

Me di vuelta y le clavé el cuchillo en la rodilla derecha. A él se le cayó el arma y se le disparó. Vi que el pie derecho le chorreaba en una explosión de carne y sangre, y se puso a gritar. Yo ya me había puesto de pie y lancé una granada de humo a los otros dos soldados, que intentaban desesperadamente ponerse a cubierto. Escalé la pared arenosa de la zanja, cada vez más alto. Botitas saltaba de un lado a otro sobre un solo pie, gritando y disparando al aire. Una de las balas arrancó un montón de tierra donde yo tenía apoyado el pie y fui a caer en la espalda de uno de los soldados, al que mordí la oreja izquierda. Gritó «¡aaaah!». Entonces se incorporó y yo di con la cabeza contra algún sitio y empecé a ver estrellas y luces y me separé de él, arrancándole la oreja. En aquella confusión, conseguí apoyarme en una rodilla.

Escupí la oreja, me miré la mano y vi que tenía una pistola. Seguramente se la había sacado del cinturón al señor Oreja cuando me caí encima de él. Así que seguí en aquella posición y volteé a aquellos tres infelices metiéndoles tres balas en el pecho. Fue tan fácil.

—¡Éste es el precio del petróleo, imbécil! —dije, y subí disparado por la zanja hasta llegar al puesto de policía.

Ahora Gloria me pasaba la mano por las rodillas y por las pantorrillas.

—Gloria, recuerda lo que te he dicho. Estoy intentando olvidarme de todo lo que me pasó en el golfo Pérsico. Me prometiste no volver a sacar el tema.

Pero Gloria no pensaba dejarlo correr. Y explotó.

—No puedes hacer como si esa pelota no hubiera entrado por la ventana. En el barrio ya lo sabe todo el mundo. Se ha corrido la voz, Larry.

De pronto tuve la sensación de que Gloria había estado hablando más de la cuenta.

Suspiré de nuevo.

—¿Podrías abrazarme un momento? —le pedí.

La expresión le cambió al instante. Se derritió.

—Claro, cielo —me susurró.

Y me rodeó con los brazos y me apretó fuerte.

Sin saber cómo, al cabo de un momento ya se había montado encima de mí y estábamos haciendo el amor. Estaba cada vez más descontrolada, se movía arriba y abajo con la espalda arqueada, y me pellizcaba muy fuerte la piel del pecho. Parecía no saber siquiera que yo estaba ahí, pero supongo que no era así porque, justo antes de acabar, echó la cabeza hacia atrás y el pelo rojo le brilló.

—¡Oh, mi soldado, mi soldado! —gritó.

El día siguiente era sábado. Y, como hacíamos cada sábado por la tarde, Gloria y yo nos acercamos a la tienda de antigüedades de Wickenden Street.

—¿Cuánto pide por esto?

El hombre de mirada impenetrable que sostenía el joyero sonrió.

—Hoy le haremos un precio especial al señor calvo —dijo, y le guiñó un ojo a Gloria.

Lo que quería comprar a aquel señor era un buen anillo de plata sobre el que había engarzada una bailarina vestida con tutú. La bailarina tenía los brazos unidos sobre la cabeza y sostenía un diamante. Era maravilloso. Y en el dedo de Gloria parecía casi cobrar vida.

—Para mi bailarina —le dije, poniéndole el anillo.

Gloria hizo un amago de reverencia.

—Pues era muy buena —dijo.

—Y continúas siéndolo —le respondí—. Hazme una pequeña demostración.

Entonces Gloria empezó a dar saltitos por toda la tienda. Tarareaba algo sin despegar los labios, daba vueltas sobre sí misma y giraba, y un par de clientes se pararon a mirarla. Canturreó incluso un par de versos de *El lago del brujo*, y fue entonces cuando me di cuenta de que tenía unas gotas de sudor en la frente. Estaba totalmente concentrada, llevada por su determinación, su espíritu, su pasión. El hombre de mirada impenetrable dijo:

—¡Uau!, ¡mira eso!

Entonces se torció el tobillo y se cayó de culo y por un segundo me pareció que iba a ponerse a llorar, pero no, empezó a reírse, y yo fui hasta ella corriendo y me le tiré encima y los dos nos pusimos a reír.

Cuando, cinco minutos después, aún no había conseguido ponerme de pie, la cosa ya había dejado de hacerme tanta gracia.

—Estos huesos de mierda van a llevarme a la tumba —dije—. No me puedo ni mover. Dios. Carajo.

—¿Qué? Menudo soldado estás hecho. Por favor —dijo Gloria acercándose a ayudarme—. Ya encontraremos una salida. Eres demasiado hombre para dejar que una cosa así pueda contigo.

Y añadió:

—Ven, vamos a comprar leche. Si caminas un poco se te pasará.

El resto de aquella tarde soleada lo pasamos paseando tomados del brazo, algo magullados pero orgullosos. Y entonces, sin que me diera cuenta, el sol ya se había puesto y había salido la luna, y Gloria y yo ya habíamos llegado a la entrada de su edificio.

Acabábamos de darnos un beso apasionado.

—Bueno, ¿entonces qué, nena? —le dije.

Ella se rió tímidamente.

—Quieres subir y convertirme en tu prisionera de guerra, ¿no? Creo que tengo alguna cuerda por ahí.

La rodeé con los brazos.

—Gloria, óyeme, de verdad que lo paso muy bien haciendo el amor contigo. Pero quiero que entiendas que te respeto como mujer. Y esta noche lo único que quiero es descansar un poco, ¿de acuerdo?

Y le di un beso lento, dulce y largo, y me perdí en la noche fría dejándola sin respiración, que es la única manera que se me ocurre para describir su estado.

Pasé al lado de un mimo callejero y le dejé un dólar en la gorra.

Al llegar a mi calle dejé de silbar, porque, a unos cinco metros, vi a Témeme y a su banda delante de mi edificio, riéndose, gritando y moviéndose de un lado a otro. Al acercarme un poco más me di cuenta de que en medio estaba la señora Tunolli, y que ellos le habían birlado la correspondencia y levantaban mucho los sobres para que desde la silla de ruedas no pudiera agarrarlos. Ella giraba y giraba.

—Debería darles vergüenza —decía, y—: ¿Dónde están sus madres?

La verdad pura y simple es que la guerra hace que la gente cometa actos horrendos. Y es difícil entrar en el cielo si has cometido actos horrendos, así que desde que volví de allí he estado practicando la manera de entrar en el cielo a través de la visualización, porque si uno primero ve algo, si lo visualiza sucediendo en la mente antes de que suceda, hay muchas más probabilidades de que acabe sucediendo en la realidad. Eso es algo que mi instructor, el sargento Barrow, me enseñó durante la instrucción, en el campo de tiro de Fort Leonard Wood. Era espléndido llegar marchando hasta el campo con el chaleco puesto, cantando viejas canciones del ejército mientras el sol salía sobre las montañas y se rompía como una yema de huevo; la exacta cadencia de las botas sobre el alquitrán, el coro profundo y emotivo de nuestras voces, la sensación de que eran cantos antiguos, viejos rituales. En aquellos momentos percibía claramente, igual que cuando estaba en la cama y se apagaban las luces y escuchaba el toque de corneta en homenaje a los caídos, los fantasmas de las pasadas guerras norteamericanas, las grandes guerras, los increíbles sacrificios de nuestros padres y abuelos. Y entonces era el momento de disparar nuestros M-16 contra los blancos con forma humana, todos nosotros tumbados boca abajo sobre la línea de tiro, y los instructores caminando de un lado a otro con sus gorras de safari. Aquellos tipos eran brujos, y se comportaban con gran clase y discreción, como si el empeño que ponían en la puntería de los disparos guiara todos los demás aspectos de sus vidas, y fue el sargento Barrow el que me enseñó a ver realmente la bala abriendo un orificio en el centro de la diana antes de apretar el gatillo. Y funcionaba.

Así que cada noche, antes de irme a dormir, me visualizo a mí mismo ascendiendo desde la Tierra y atravesando las puertas del cielo. Me veo a mí mismo como una bola perfectamente redonda, sin huesos, como una bolsa de carne. En la espalda, unas alas gigantescas con plumas blancas que bombean el aire. Extrañamente, siempre tengo pico en vez de boca, y como me faltan los huesos el pico se me va moviendo por todo el cuerpo. Pero no me impide hablar. Hablo por el pico. Hablo al portero del cielo por el pico. El portero del cielo es un señor grande que lleva un esmoquin, y el esmoquin tiene las mangas cortadas y se le ve la palabra «amor» tatuada en los dos antebrazos. Tiene unas entradas muy pronunciadas y la dentadura muy estropeada.

Mientras estoy allí flotando, delante de las puertas del cielo, le digo:

—Vamos, hombre, no sea así. Siento lo que pasó en

la cima de Al Mutlaa, era mi deber, y en realidad yo no quería matar a aquellos tipos. Estaba asustado. Hice lo que creí que debía hacer, y, además, en aquel momento ni siquiera tenía tan claro que Dios existiera. Pero ahora sí estoy seguro. ¿No es eso ya una forma de redención? ¿El hecho de estar totalmente seguro? Entonces, ¿qué dice? Déjeme entrar. Escuche, usted no lo entiende. Es que tengo que entrar ahí como sea.

Y entonces, en mi visualización, el portero esboza una sonrisa desdentada, se aparta a un lado, alarga los brazos en señal de invitación y me dice:

—Pues claro, Larry, sé que tienes buen corazón y que a veces las cosas se descontrolan un poco. Tu vida ya ha sido bastante difícil. Adelante. Entra.

Pero hay otras veces, y no lo hago a propósito, porque cuando me pasa es como si perdiera el control de la mente, en las que el portero frunce el entrecejo y me dice:

—Pero ¿por quién me tomas? Larry, tienes que pagar por la muerte de esos soldados iraquíes. A decir verdad, ni siquiera iban a hacerte daño; sólo se estaban divirtiendo un rato, y ahora sus hijos son huérfanos. Eres un asesino, así de claro. No intentes escabullirte. Las normas son las normas y no puedo hacer una excepción contigo, porque si la hago contigo tendré que empezar a hacerla con todo el mundo. No eres el primero que intenta este truquito, ¿sabes? No hace tanto que Hitler estuvo por aquí diciéndome exactamente lo mismo, así que te respondo lo que le dije a él: si hay unos requisitos mínimos es por algo. Forman parte del sistema, y el sistema funciona. Si no, dentro de nada todo el mundo podría entrar, y entonces, ¿qué sentido tendría que hubiera cielo?

Dicho esto, el portero da tres palmadas y mis alas desaparecen de pronto y empiezo a caer.

Así que uno de los muchachotes, un tipo alto, moreno y con el pelo grasiento, que llevaba una camiseta de hockey con la frase «Trágate el disco», le dio una bofetada a la señora Tunolli que le arrancó la dentadura postiza. Al momento se le descolgó la boca y Tragateeldisco le dijo:
—Carajo, vieja, qué fea eres.
Pero lo que hizo la señora Tunolli a continuación tiene su mérito, porque metió la mano en el corpiño y sacó un *spray* de defensa personal y disparó un chorro a los ojos de Tragateeldisco mientras le decía:
—Oma, hihoebuda.
Aquella bestia cayó de rodillas y empezó a gritar:
—¡Dios mío, no veo nada, no veo nada!
Otro del grupo se echó a reír y le dijo:
—A ver si aprendes.
Pero Témeme le dio un puñetazo en la cabeza y le gruñó:
—Cállate, imbécil.
Y todo se quedó en silencio.
—Eh, tú, escúchame bien, hija de puta —dijo mirando a la señora Tunolli, y al hacerlo le empujó la silla de ruedas con la suela del zapato y consiguió que la mujer cayera al suelo—. Es hora de dar las buenas noches.
Témeme se llevó la mano al cinturón para sacar algo, y vi un destello plateado.
Fue en aquel momento cuando entré en escena.
—Hola, chicos, ¿alguien tiene sed?
Todos me miraron como diciendo pero de qué la va este tipo.
Y entonces tomé el cartón de leche que llevaba y se lo metí en la boca a Tragateeldisco, y empezó a salir líquido blanco por todas partes. Él intentaba gritar, pero se lo no-

taba confundido. Témeme y los demás empezaron a rodearme y supe que me había llegado la hora. De hecho, Témeme llegó a decirme:

—Eres hombre muerto, viejo.

Oí el sonido de un silbato estridente que desgarró la noche. Prrrrriiiit-prrrrriiiit-prrrrriiiit. Unos destellos intermitentes empezaron a iluminarnos. Levanté la vista y vi a dos polis que corrían hacia nosotros. Uno de ellos gritaba por el *walkie-talkie*:

—¡Código cuatro, código cuatro! ¡Tenemos un código cuatro en Hope Street!

Témeme gritó:

—¡Agua! —Y todos los muchachones desaparecieron al momento.

Hasta yo le hice caso y salí corriendo.

Y no me detuve hasta llegar a casa de Gloria, donde caí rendido frente a la puerta, jadeando. Gloria me abrió y dijo asustada:

—Larry, ¿qué te pasa? ¿Qué ha pasado?

Le conté que Témeme me había estado esperando en la puerta de casa.

—Dios mío, cariño, ¿estás bien? Ven, entra, que voy a limpiarte.

Me pasé casi toda aquella noche tumbado al lado de Gloria, mirando el techo hasta casi perforarlo con la mirada, dejando que mi mente repasara una y otra vez cuáles eran mis opciones. Y entonces, hacia las tres, desperté a Gloria y le dije:

—Tengo una idea. Larguémonos de Providence. Busquemos otro sitio y empecemos de nuevo.

Gloria se sentó en la cama y se rascó la cabeza.

—¿De qué estás hablando, Larry? —dijo bostezando.

Notaba que, al otro lado de la ventana, la luna me sonreía.

—A Montana —insistí.

Le expliqué que allí tenía un viejo amigo del ejército, Fletcher, que trabajaba de guía en un rancho. Llevaba a la gente de ciudad a hacer excursiones a caballo por las montañas. Justo antes de regresar del golfo Pérsico, Fletcher me dijo que podía instalarme allí cuando quisiera, que él podía conseguirme trabajo. Le hablé del precioso rancho de montaña en el que viviríamos, del río que pasaba justo por delante, le dije que podíamos tomar un ómnibus y plantarnos allí en menos de dos días.

—¿Te lo imaginas? —Al terminar mi discurso, a ella ya le brillaban los ojos.

—Sí —me dijo con una gran sonrisa—. Sí, está bien, vayámonos.

Estuvimos un rato hablando, haciendo planes. Gloria iría a trabajar por la mañana, hasta las once, y luego se despediría y cobraría su sueldo. Nos encontraríamos en la estación de ómnibus a las doce. A la mañana siguiente, cuando salimos de casa, los pájaros cantaban.

—De acuerdo, tesoro —me dijo, dándome una palmada en el culo—. Nos vemos a las doce, entonces.

Nada más poner el pie en mi casa, supe que había pasado algo. La puerta estaba entreabierta. La empujé, me quedé quieto y ahogué un grito. Todas las ventanas estaban rotas y había pelotas de básquet repartidas por todo el suelo. Un pájaro había entrado en la casa, y, al verme, empezó a volar y a golpearse la cabeza con el techo y a caerse al suelo. Repetía esta operación una y otra vez. Entonces, cuando empezaba a recoger todo aquello, lo vi. Estaba escrito en la pared con rotulador: «SI QUIERES RECUPERAR

A TU GATITO, VEN A BUSCARLO». Empecé a pensar frenéticamente en todas las posibilidades. Whiskers colgando de una cuerda, con el cuello partido. Whiskers flotando boca abajo en la bañera. Fui entrando en todas las habitaciones de la casa, aterrorizado. Cada vez que abría algún armario, el corazón se me llenaba de esperanza, pero Whiskers no aparecía por ningún sitio. No estaba. Y entonces fue cuando decidí pasar al combate total. Me puse el uniforme de camuflaje del desierto. Me manché la cara con pinturas de guerra. Me colgué una granada en el cinturón.

Lo primero que me llamó la atención cuando salí a la calle fue que el sol parecía una canica brillante y húmeda en las alturas. Lo segundo, que me costaba bastante caminar. Mi síndrome de la guerra del Golfo estaba en pleno apogeo. Ya no podía doblar las rodillas, y sabía que parecía un robot. Miré la hora: las 10.27. Más abajo, Témeme y su banda estaban en la cancha practicando unos tiros. Me puse en marcha. Al acercarme más, vi que Témeme saltaba y remachaba con tanta fuerza que el tablero se ponía a temblar. «¡Choca esos cinco!» Y todos chocaron los cinco con las manos en alto. Entonces me planté delante de la pista. Témeme alzó la mirada y sonrió de oreja a oreja.

—Mira a quién tenemos aquí —dijo.

Todos me miraron.

—Vaya —añadió Tragateeldisco, uniéndose a la fiesta—. Pero si es el soldadito raso.

Oí la voz de la señora Tunolli que me decía:

—Sal de ahí, ponte a salvo, llama a la policía.

Me di vuelta y la vi. Estaba enterrada hasta el cuello en la arena del parque infantil. A su derecha estaban los columpios. Era una cabeza parlante.

—Oh, no, soldadito, no te vayas, tonto, que nos queda pendiente la revancha —dijo Témeme con tono burlón.

Me lanzó la pelota con tal fuerza que parecía que la hubiera disparado un cañón. En el último segundo, levanté las manos y la agarré sin inmutarme, como diciéndole «vas a tener que hacerlo mucho mejor si quieres llegar vivo a mañana». Pero en el instante mismo en que sentí la pelota en las manos, el estómago se me cayó al suelo, y todos los colores del mundo empezaron a desangrarse juntos. Aquello no era una pelota de básquet. Era Whiskers. Whiskers muerto en mis manos. No tenía extremidades. Le faltaba pelo en muchas partes. Olía a quemado. Pero era su cara, no había duda, y aún tenía abierto el ojo verde bueno, y me miraba como diciendo: «¿Dónde estabas, colega?».

—Ja, ja, ja —dijo Témeme—. Miauuu.

Y entonces fue cuando lo oí. Aquel grito largo y triste que venía de muy, muy lejos. Era una especie de sonido animal de agonía, terrible y desgarrador. Alcé la vista al cielo y en aquel momento me di cuenta de que aquel grito era mío.

Témeme dio un paso adelante blandiendo un destornillador mellado, como quien hace ondear una bandera, y me dijo:

—Ven aquí, desgraciado.

Y se me acercó hábilmente y me pinchó la mejilla derecha. Noté que una gota de sangre me asomaba en la cara.

—Se acabó el juego, soldadito. Ahora tu culo asqueroso me las pagará.

El mundo era como una calesita.

Busqué en lo más profundo de mi locura. Volvía a estar en la cima de Mutlaa, el calor, la arena, la borrachera de la muerte por todas partes. Oí a Riggins gritar:

—¡Abran fuego! ¡Fuego!

Di una patada a Témeme en los huevos, y con una llave de yudo lo tumbé en el suelo. Le salté encima y le di un puñetazo que le rompió la mandíbula. Por el rabillo del ojo vi un coche patrulla que estacionaba y a dos polis que se bajaban y se iban acercando a nosotros. Miré la hora. Las 11.02. Si empezaba a correr en aquel momento, seguramente conseguiría escapar y reunirme con Gloria.

Vi a Whiskers en la línea de tiros libres y, sin pensarlo dos veces, apreté el puño para acabar con Témeme. Pero entonces él se incorporó con un movimiento rápido de serpiente y le quitó la argolla a la granada que llevaba en el cinturón. Entrecerró los ojos, sonriéndome, y al momento los oídos se me llenaron del ruido más fuerte que había oído nunca, y de pronto una ola de aire caliente me levantó por los aires, muy arriba, alejándome de la tierra, más allá de las nubes. Más arriba aún, muy lejos, vi al portero que me hacía señales desesperadas con los brazos, como si dijera: «Vamos, Larry, de prisa, de prisa. Vamos, vamos».

Travestido

Testimonio escrito del capitán Jeffrey Dugan, escuadrón 418, emboscado 573

Soy el capitán Dugan, y, a petición/exigencia de la doctora Barret, estoy poniendo todo por escrito. Ella dice que sólo si pongo todo por escrito podrá defenderme ante su superior, el doctor Hertz. Yo, en realidad, a ese doctor Hertz no lo he visto nunca, así que tengo que fiarme de lo que dice la doctora Barret y creer que existe. Si no, dice la doctora Barret, si no pongo por escrito mi versión, entonces legalmente no tendrán más remedio que dejarme aquí, en la unidad psiquiátrica de la base aérea de Holloman, porque, según me dijo, un hombre cuerdo no tiene nada que ocultar, mientras que un loco está lleno de secretos. A lo que yo le respondí:

—Bueno, yo loco no estoy para nada.

Fue entonces cuando me alargó el lápiz y el papel y me dijo:

—Demuéstrelo.

Para hacerme algo de justicia a mí mismo, supongo que debería empezar con una declaración de principios. Ahí va: «Este mundo es muy raro, y para mí todo es muy siniestro y milagroso». Si ahora no están de acuerdo conmigo, tal vez cambien de opinión cuando hayan terminado de leer esto. Antes de empezar, me parece importante dejar clara mi respetabilidad, es decir, que no soy ni mucho menos tan tonto como parezco, porque lo cierto es que mi aspecto no se corresponde con quien soy en realidad (y esto tampoco lo digo por mi corta estatura). Seguro que hay más gente que comparte conmigo el mismo secreto, que no es en realidad lo que su aspecto indica que es, aunque a veces me olvido hasta que me miro en un espejo, y entonces es algo así como «oh, no, Dios mío, él otra vez no, aquí tiene que haber algún error». Pero luego es como «bueno, está bien, por qué no, caramba, si es que no tengo otro remedio», y eso.

Entonces subo a mi F-117-A Stelth Fighter, al que llamo Gracie, y vuelo por los aires y mato gente. O al menos la mataba, en el golfo Pérsico, que fue por lo que me condecoraron con la Estrella de Plata, y estoy seguro de que tendré que matar a más cuando salga de aquí. Aquí en la base se dice que Somalia va a ser el siguiente objetivo. Así es como yo me gano la vida, e intento divertirme, pues es mi trabajo. Sobrevuelo el mundo con mi arma de destrucción masiva, elegante, negra, y mentiría si dijera que no es muy excitante ir metido en la cabina, porque cuando estoy allí arriba en el aire es como si acabara de salir de la cabeza de Dios, un pensamiento divino dentro de una burbuja de pensamiento divino, totalmente invisible.

Menos el día en que me dieron desde atrás en el cielo de Iraq y estrellé a Gracie en el desierto. Justo en mitad de un complejo militar destartalado, donde me hicieron prisionero de guerra y donde un hombre con una sola oreja llamado el Mula me torturó sádicamente. En aquellos momentos no me sentí tan invisible.

En este punto debería mencionar mi maldición. Con ella se entienden mejor ciertas cosas. Yo nací con un don. O con una maldición, según se mire. Son mis sueños. Mis sueños me permiten ver el futuro. Sé que suena raro, pero como prueba para demostrarlo les diré que hace tres noches tuve un sueño en el que me veía con un vestido azul muy largo y con zapatos rojos de tacón (que es lo que llevo ahora), sentado en una habitación de paredes acolchadas, con un brazo esposado a una silla (que es como estoy ahora), escribiendo un documento que empezaba «Soy el capitán Dugan y, a petición/exigencia de la doctora Barret, estoy poniendo todo por escrito». Seguramente también debería mencionar que mi sueño tenía un final feliz, porque en ese sueño la doctora Barret se basaba en mi declaración para proclamar que era inocente (que es lo mismo que grité cuando el dardo con tranquilizante del policía militar me dio en la cadera), y entonces, en el sueño, la doctora Barret me dejaba volver al servicio activo (que es lo que harán ustedes cuando hayan leído esto), tras llegar a la conclusión de que, más bien, yo me había limitado a reaccionar ante un error; que era una persona totalmente cuerda y que soy la víctima de la acusación ridícula de mi mujer que, movida por la venganza, afirma que soy una especie de psicópata travesti y pervertido.

Se suponía que la misión era fácil. Una salida rutinaria. Cielos despejados, un vuelo raso, hacer explotar algunas refinerías al sur de Nukhayb y salir a toda velocidad de allí. Estaba sentado en una tienda de campaña con el capitán Jibs y el coronel Cowry, aquello era Khamis Mushait, e intentábamos protegernos del calor. Yo estaba tomando una cerveza cuando recibí el aviso. Recuerdo que mientras me levantaba apuré la botella, y, al dejarla con un golpe sobre la mesa, miré a Jibs y a Cowry con una sonrisa burlona y les dije:

—Vuelvo en seguida, chicos. La «Tormenta del Desierto» me llama.

Luego subí a mi Gracie y surqué los grandes cielos de Arabia.

Bueno, el caso es que al situarme sobre la refinería vi a los soldados iraquíes saltando encima de los barriles, agitando unas banderas blancas atadas a unos palos.

Les di su merecido. Solté una bomba GBU-10 y el estómago se me encendió con esa sensación turbia y mística que se tiene cuando se mata algo, y que es totalmente indescriptible, aunque puedo decir sin dudarlo que es el único momento en que siento que Dios me está mirando; es un buen sistema para hacer que Él se incorpore de su asiento y tome nota. Así que ahí estaba yo, regocijándome en la mirada de Dios, con los escombros humeantes allí abajo, cuando aquel caza iraquí hijo de puta salió de la nada e intentó matarme, enviando mi cola a la mierda.

Gracie rebotó entre las nubes como un auto de choque. Yo estaba aturdido. Olía a humo. La palanca de emergencia estaba atascada. Intenté planear y girar, pero Gracie seguía describiendo tirabuzones sin parar y yo daba vueltas en dirección al suelo, como un cometa, y miraba con horror el tablero mientras las gigantes mandíbulas amarillas del desierto se alzaban y se abrían y me engullían entero.

Cuando recobré el conocimiento estaba atado a una silla, y una bombilla colgaba del techo. Había franjas de sol que se colaban por las paredes de caña. Tras parpadear varias veces, vi que estaba en una choza pequeña con tres soldados iraquíes. Era el lugar que acabaría llamando «La Cabaña». Los soldados fumaban y se reían por alguna cosa, y uno de ellos tenía las manos levantadas y apretaba el aire como si acariciara unos pechos. Entonces, el que apretaba el aire me oyó quejarme y, después de mirarme, se metió los dedos en la boca y silbó muy fuerte a través de los barrotes del ventanuco que había en la puerta. Ésta se abrió de golpe y un hombre con una sola oreja entró y se dirigió directamente hacia donde yo estaba y me dio en la mandíbula con un palo gordísimo. La mandíbula se me dislocó al momento, y caí al suelo con silla y todo. En medio del grito que seguía resonando en mi mente, oí que los hombres se reían, y entonces el que tenía una sola oreja dijo:

—Hola, me llamo el Mula. Tengo algunas preguntas que hacerte. Responderás, ¿no?

Intenté tomar aire. Era como si tuviera la boca encajada en la frente. Quise decir algo, pero la parte superior de la cabeza se me abrió. Me arrastré unos centímetros hacia adelante, apoyándome en las rodillas y en los codos, vagamente consciente de que los soldados contemplaban mis movimientos con indiferencia, y oí que uno se reía y murmuraba:

—Norteamericana.

Al final, apreté la mandíbula con fuerza contra una pared y entonces clic, con el sonido de un obturador de cámara de fotos, volvió a ponérseme en su sitio, y el alivio que sentí me recorrió la columna vertebral en oleadas de éxtasis. A partir de entonces, aquella sensación de alivio ya no me abandonó del todo. Así, dos horas después, cuando el Mula volvió a golpearme la cara por enésima vez, casi estuve a punto de darle las gracias.

Aunque, en realidad, lo que hice fue más bien escupir algunos dientes.

Desde ese momento, casi todo está borroso. A causa del dolor, sólo me acuerdo de imágenes, de flashes, de olores y, al final, del sabor de la sangre en la boca. El Mula quería que grabara un video de propaganda.

El Mula dijo:

—Si quieres volver a ver a tu familia.

El Mula dijo:

—No te estoy pidiendo tanto. Serás una estrella del cine.

El Mula dijo:

—Estoy perdiendo la paciencia, teniente Dugan.

El Mula dijo:

—Parece que duele, teniente Dugan.

Yo no decía nada. Mantenía la boca cerrada, no porque me sintiera patriota, porque, a decir verdad, en aquel momento mi país no me importaba lo más mínimo, sino porque estaba seguro de que si lo hacía, si grababa aquel video, ya no les serviría para nada y me matarían.

El Mula blandió su taladro eléctrico marca Sears. Las imágenes volvieron a hacerse claras. Apretó el gatillo varias veces y el taladro chirrió. Entonces se acercó a mí y me lo puso en el cuello.

—A lo mejor ahora sí querrás grabar el video.

Lo miré.

—Por favor, no lo haga.

El Mula sonrió.

—Como usted quiera, teniente Dugan.

—Por favor —le dije—. No.

Entonces noté que la broca se me apretaba contra el cráneo. Todo estaba muy tranquilo, y lo veía todo, a pesar de tener los ojos cerrados: todos los pelos de la nariz del Mula, los tres soldados que ahora estaban fuera de La Cabaña. Uno de ellos movía las caderas hacia adelante y hacia atrás como si estuviera cogiendo. Los otros dos se reían. Un buitre sobrevolaba nuestras cabezas. Entonces vi el dedo índice del Mula que apretaba despacio el gatillo naranja de plástico, y el sonido del motor era ensordecedor, y noté que la broca me perforaba el cuero cabelludo y me lo desgarraba.

Como ya pueden imaginar, esto que me pasa con los sueños no siempre ha sido fácil. Nunca se lo he dicho a nadie. Ni a mi mujer, la señora Dugan, ni por supuesto a mi hija Libby, que en paz descanse, cuando estaba viva. Y claro que no siempre me gusta lo que veo (el futuro no siempre es agradable), pero, con diferencia, lo peor es el sentimiento de culpa. Dios mío, la culpa. Quiere decir que siempre acabo sintiendo que las cosas pasan porque yo las he soñado, como la vez que Tricksy, el perro de mi vecino de al lado, el señor Gordon, atacó a su amo y le arrancó un dedo. Es verdad que el señor Gordon nunca me ha caído bien, teniendo en cuenta que se emborrachó en la fiesta del barrio el año pasado y le apretó la teta derecha a mi mujer delante de todo el mundo y le dijo:

—Toc, toc.

Y ella, aunque también estaba borracha, le sonrió coqueta y le respondió:

—Quién es.

Cosa que, claro está, fue de lo más humillante para mí; pero me estoy yendo del tema, porque no es que yo deseara que le arrancaran el dedo al señor Gordon. Pero lo soñé. Y pasó. Díganme ustedes cómo no voy a sentirme un poco responsable.

Total, que el Mula me abrió seis huecos de setenta milímetros en el cogote. Yo apenas estaba consciente. Cuando todo acabó, recuerdo haber mirado hacia arriba, a través de aquella neblina borrosa, y haber visto al Mula que sonreía y me decía:

—Es usted un hombre muy testarudo, teniente Dugan.

Me di cuenta sólo a medias de que me ponía unos grilletes en los tobillos y que los fijaba a una estaca que había clavada en el suelo. Entonces el Mula dijo:

—A lo mejor te morirás. A lo mejor, no. Pero si no te mueres, vas a tener hambre. Y tal vez si tienes hambre, grabarás el video. Hasta luego, teniente Dugan. —Y salió por la puerta.

Después de aquello, las cosas se precipitaron. Me quedé solo con mi locura. Ya lo han oído mil veces. Lo típico de los prisioneros de guerra. En mi mente vi el infierno varias veces. Abandoné toda esperanza. Mi alma era un gusano rosa clavado por el vientre a un anzuelo, y esperé a que el Ángel de la Muerte viniera nadando por entre las tinieblas y se lo tragara entero.

Aquello fue el primer día.

El segundo fue peor. El segundo día empecé a oír la voz de mi hija Libby. Sabía que era una ilusión, pero aún así… Estaba sentado con la espalda apoyada a la pared, y las moscas zumbaban alrededor de mi cabeza. Oí la voz de Libby que me decía:

—Teniente Dugan. Le habla su hija. Mantenga la compostura. Ánimo. Sí, es cierto, las cosas no pintan bien, pero estoy aquí para ayudar. Usted es teniente del ejército del aire de los Estados Unidos y esto es la guerra, así que manténgase alerta. El ingenio puede salvarlo.

Me di cuenta de que la voz de Libby no estaba en mi cabeza. Levanté la vista y allí, con la espalda apoyada contra la puerta, estaba mi hija. O al menos una especie de versión ondulada de ella. Rodeada de una energía blanca y ondulada. Bien vestida, con unos elegantes zapatos de cuero, medias color crudo y un suéter verde de cuello cisne de cachemir. Tenía la nariz pequeña, como siempre.

No podía creer que la mente estuviera haciéndome aquellas bromas pesadas.

—Me estás tomando el pelo, ¿verdad? Esto es una especie de broma.

—No, papá. Soy yo, Libby.

No sabía qué decir.

—Pues muy bien —le dije—. ¿Por qué estás ondulada?

—Porque… —me dijo, y entonces me lo contó todo.

Me dijo que estaba muerta. Me contó que su gato siamés, Smoky Joe, había salido corriendo cuando pasaba un Chevy rojo, y que ella lo había salvado pero que al hacerlo el coche la atropelló y la mató. Cuando terminó de hablar, empecé yo.

—Esto es absurdo. ¿Cómo quieres que crea una cosa así? —Empecé a darme puñetazos en la cabeza—. ¿Hola? ¿Hola? Sé que estás aquí, cerebro, sé que estás detrás de todo esto. Esperaba algo más de ti. Para ya.

Por la expresión de su cara, me daba cuenta de que a Libby no le interesaba mi cinismo. Tenía el entrecejo fruncido y se mordía el labio inferior.

—Mira, tú no eres real. Esto es una trampa. Es el estrés. Vete, por favor, no lo soporto.

—Vamos. He venido a ayudarte, papá —me dijo—. Tenemos que salir de aquí. Mamá no puede perdernos a los dos.

Noté que se me levantaba un poco el ánimo.

—Sí, claro. Oye, tú, seas quien seas. Ya estás empezando a hartarme.

—Chiiist. Ya basta. No tenemos tiempo. Ahora tengo que irme, pero mañana volveré para ayudarte a escapar.

Y dicho aquello, Libby dio media vuelta y, atravesando la pared, desapareció.

A la mañana siguiente, cuando desperté, alguien estaba dándome patadas en las pantorrillas.

—Despierta. ¿Qué estás haciendo? Hoy no es día para quedarse dormido.

Abrí los ojos y vi a Libby, que desplegaba una actividad frenética.

—Está bien —dijo—. He estado espiando y escuchando lo que decían. Las cosas se están poniendo muy feas ahí afuera. Creo que están planeando una especie de ataque. El jefe parece totalmente chiflado. Cuanto menos trato tengas con él, mejor, hazme caso.

—¡Aaaah! Tengo miedo —le dije. Me señalé la cabeza—. Tengo seis huecos que me han hecho con un taladro y ahora resulta que se me aparece una visión en la mente que me dice que tengo problemas. Por favor, no te pases conmigo. ¿De qué problemas puedes hablarme tú que yo no los conozca?

—Papá, van a ahorcarte en el patio. Ahora mismo. A ti y a otro piloto capturado. Quieren usarlos de ejemplo, para elevar la moral de su tropa antes del ataque.

—Ya te lo he dicho. No eres real. —Me tapé los ojos—. No te veo.

Ella insistió.

—Bueno, pues esto es lo que vamos a hacer. Están a punto de entrar a buscarte. Tenemos que actuar rápido. Ahora voy a soltarte los grilletes. Tú te retuerces y haces como si te doliera algo. Entonces le sacas la pistola al guardián y le das un golpe en la cabeza con ella.

Se me heló la sangre. Porque era verdad, oía al guardián que agitaba las llaves al otro lado de la puerta. Se me secó la boca.

Dos segundos después entró el guardián y yo estaba en el suelo, doblado y retorciéndome de dolor.

—¡Oh, Dios mío, Dios mío! —grité.

Y también está el de cuando tenía nueve años. Ese sueño era mucho más complicado que los demás, pero cuando me desperté en plena noche estaba sudando, y aunque no me acordaba de lo que pasaba en el sueño, sabía que mi madre estaba en peligro. Y entonces, a la noche siguiente, antes de cenar, estaba mirando a mi madre, que cortaba en rodajas una zanahoria sobre la tabla, y no me sorprendió nada ver que levantaba la vista para decirme que pusiera la mesa y se seccionaba el dedo índice. Camino del hospital, en la ambulancia, yo no paraba de llorar y entre sollozos decía:

—Lo siento mucho. Lo siento mucho. Lo siento mucho.

Pero el sueño más perturbador de todos lo tuve dos semanas antes de ir a luchar al golfo Pérsico. Aún hoy me resulta muy difícil hablar del tema. El sueño fue de esos trepidantes y muy claros. Veía a mi hija Libby, de trece años, cruzar la calle, y a un Chevy rojo que la atropellaba y la mataba cuando intentaba salvar a su gato siamés, Smoky Joe, que es el diminutivo de Smoky Joe el Mejor Gatito del Mundo.

Así que ahora ya lo entienden. Porque todos esos hechos —lo del señor Gordon, lo de mi madre, lo de Libby— tienen algo en común: todos sucedieron en mis sueños antes de suceder en la realidad.

Cuando salí por la puerta de La Cabaña, el sol casi me parte los ojos en dos, pero las pupilas se me encogieron y me dirigí hacia Gracie. Para mi horror, mientras me acercaba, vi al capitán Jibs ahorcado en el centro del patio. Había un grupo de soldados de espaldas a mí que lo abucheaban, le tiraban piedras, lo escupían. Cuando llegué a Gracie, miré detrás del asiento y vi que todo mi equipo seguía allí, intacto. Me puse el chaleco antibalas. Mientras rebuscaba en la mochila oí un chillido y levanté la vista, y allí, en la puerta de La Cabaña, estaba el guardián frotándose el cuello. Gritó algo en árabe y me señaló. El grupo de soldados que rodeaba a Jibs giró y miró en mi dirección. Hubo un momento de silencio y entonces, cuando me vieron, se pusieron a gritar y a correr.

Sonó una alarma. Unos perros empezaron a ladrar.

Tomé la pistola Beretta de 9 mm y me bajé de Gracie de un salto. Me dirigí corriendo hasta un tanque M60 que había estacionado, disparando a izquierda y derecha. Cayeron dos hombres. Llegué a un lateral del tanque y me subí tomando impulso. Las balas volaban por todas partes. Vi a un hombre herido en el suelo que buscaba algo en el cinturón. Le disparé.

Salté con las piernas abiertas y aterricé sobre un camello.

—¡Gíaaaa! —grité.

Me metí en medio de aquella tormenta de balas y aquel hervidero de soldados iraquíes montado en el camello. El Mula se me atravesó y el animal se detuvo. El Mula dijo:

—Teniente Dugan, qué tonto ha sido. —Y me lanzó una granada de fragmentación.

La granada estaba en pleno vuelo cuando me saqué la chaqueta antiaérea y la sostuve delante de la cara del camello. La granada explotó y toda la metralla rebotó en la chaqueta. Creo que ahí el camello se dio cuenta de que yo era un animal con sentimientos.

—¡Una ayudita! —grité, y el camello se abalanzó hacia adelante y le aplastó la cabeza al Mula.

Al ver al Mula tirado ahí abajo tuve la sensación más extraña que he tenido nunca en el ombligo. Notaba que se me movía. Era una sensación que iba haciéndose cada vez mayor. Miré hacia abajo para tocarme el ombligo, y noté un agujero en la barriga del tamaño de un dólar de plata. El dedo índice se me hundió en el agujero, pero no había sangre; sólo el agujero. Y entonces me desmayé.

Cuando recobré el conocimiento, el camello iba al galope por el desierto. Aquél fue el sonido que me despertó, el golpe rítmico de las pezuñas del animal sobre la arena. El pecho me golpeaba una y otra vez contra la joroba. El sol empezaba a salir y salpicaba de sangre el horizonte, como si alguien lo hubiera puesto en una exprimidora, y al otro lado del cielo veía el gajo plateado de la luna. Cuando miré hacia atrás, el campamento iraquí era un punto en la distancia.

—Gracias a Dios —pensé—. Esta vez casi no lo cuento.

Pero apenas había pronunciado aquellas palabras cuando constaté que no sabía quién era y empecé a ponerme muy nervioso. Ni siquiera recordaba qué estaba haciendo allí en el desierto. Me hice una pregunta.

Cuando quieres empezar a pensar, ¿por dónde empiezas?

No sabía la respuesta.

Mi corazón se puso a latir dos decibeles más alto. Seguía avanzando: galopando y valorando mi pregunta tanto como pude, pero mi cerebro, de pronto, se cansó de tanto pensar, así que al final supuse que hasta que recuperara la memoria no debía complicarme la vida. A lo más que llegué fue a esto: «Eres una persona. Estás vivo. Vas montado en un camello».

Y seguí por el desierto, montado en un camello sin nombre.

Fui a lomos del camello durante días y días, sin comida y sin agua. No sabía siquiera dónde iba, y ni me lo había planteado. El sol, aquella gran bola de fuego, salió y se puso y salió y se puso y salió y se puso más veces que las que pude contar. Veía mi sombra ojerosa bailar su danza feliz sobre la tierra del desierto y contemplaba el horizonte.

Una vez, una horrible tormenta de arena llegó, borrosa, y me arrancó el uniforme de cuajo. Yo estuve todo el rato con los ojos cerrados. La tormenta se acercaba y se alejaba. Estaba completamente desnudo. El camello seguía galopando como si corriera en una carrera contra el tiempo.

Entonces, un día, levanté la mirada y vi una palmera y un oasis de agua azul y cristalina, que reverberaba con el calor. Mi camello llevaba todo el día andando a los tropiezos, y yo sabía que no le quedaba mucho tiempo en este mundo. Llegué a considerar la posibilidad de cargarlo a mis espaldas, pero desistí. Tenía tanta sed que notaba la lengua como un papel arrugado en la boca. Sacudí la cabeza y volví a mirar para asegurarme de que la mente no estuviera jugándome una mala pasada. Al ver el agua, el camello volvió a retomar el paso con renovado entusiasmo y se puso a trotar. Era un animal increíble. Tenía un corazón de oro.

—¡Buen chico! ¡Buen chico! —grité, y el grito me salió como un susurro.

Cada vez nos acercábamos más. Intentaba sonreír, pero tenía los labios exhaustos.

Entonces el camello tropezó, se derrumbó y se cayó de bruces al suelo, y yo salí despedido por los aires hasta caer justo a la orilla del oasis. Me arañé la rodilla con la arena. El camello estaba tendido en el suelo, debatiéndose como un recién nacido que intentara ponerse en pie. Era elegante. Era trágico. Sentía como si en el esfuerzo de aquel camello estuviera presenciando el secreto del universo. En aquel instante, soltó un tremendo «Harrrrrrrrrrrrumppp» y su alma abandonó el cuerpo rumbo al más allá.

Le puse de nombre Applejack.

Ya sé que estarán pensando qué sentido tiene ponerle nombre a algo una vez muerto, y la respuesta es: bueno, pues no lo sé. Pero lo hice.

El agua era una lámina de cristal. No creo haber visto nunca nada tan hermoso como aquel oasis. Cuando me metí en el agua, noté que me estaba quitando aquellas semanas de agonía y de temor como quien se desprende del olor de una colonia barata. Estaba limpio.

Pasaron más días. Aquél fue un tiempo de dicha. Era distinto de todo lo que había conocido hasta entonces. Comía los cocos que bajaba del árbol. No entendía qué me pasaba, pero cuando me veía reflejado en el agua pensaba: «Podrías llegar a ser guapa».

Me dejé crecer el pelo. Empecé a pintarme los labios con la savia de los árboles. Me pasaba casi todo el rato mirando mi reflejo. Me construí una cabaña con palmas. Y me hice un biquini.

Días y más días.

Finalmente, pensé: «Ya está bien. Qué más da quién soy en realidad; todos necesitamos amor. Quiero ver gente».

Y emprendí el camino a pie. Llevaba siglos caminando. Me di vuelta y vi mis pisadas en la arena hasta donde me alcanzaba la vista. El desierto entero se extendía ante mí. Un día nevó. Sí, allí, en el desierto. Sé que suena raro, pero nevó. Sentí tanto alivio al librarme del calor que empecé a correr y a atrapar copos con la lengua. Hice un muñeco de nieve y lo llamé Bert. Le estreché la mano y le dije:

—Hola, Bert —y con el apretón le arranqué el brazo.

¿Por qué se le había roto el brazo a Bert y a mí no? Empecé a reírme a carcajadas, de lo contento que estaba por seguir teniendo los dos brazos. Nunca me había reído tanto. Me reí con tantas ganas que casi me atraganté con la barba. Me pareció que el muñeco de nieve también estaba riéndose, pero entonces Bert me dijo:

—Está bien. Hagamos un trato. Tú te llamas teniente Dugan. Ésa es la primera pista. Hay gente que está buscándote. Sígueme. Voy a indicarte el camino a la base.

Y eso fue precisamente lo que hizo.

Bueno, pues, resultó que llevaba seis meses perdido en el desierto. Y, ya de vuelta en Khamis Mushait, recibí el tratamiento de recuperación que se da a los prisioneros de guerra. Y lo agradecí, la verdad, porque estaba agotado. Dormí tres días seguidos. Y sólo después, cuando al despertar llamé a mi esposa y ella me contó que hacía seis meses que a Libby la había atropellado un Chevy rojo, empezó a volverme todo a la mente. Porque fue entonces cuando recordé que el espíritu de Libby se me había aparecido y me había ayudado a escapar del campamento, y fue entonces, y no antes, cuando comprendí totalmente lo que me había ocurrido, lo que había sido aquello del ombligo.

Papá no quería que muriera, así que saltó de su cuerpo y me metió a mí en él a la fuerza, porque quería que yo viviera. Papá no podía soportar la culpa. Entonces, lo del ombligo era eso. Él salió de su cuerpo y me metió a mí dentro. Hasta ese punto me quería papá.

Así que ésta soy yo, Libby. Una chica de trece años que vive en el cuerpo de un capitán de la fuerza aérea. Era la única manera. Oculto mi identidad al resto de la gente. Me comporto como piloto del ejército y sirvo en la base aérea de Holloman, y llevo a Gracie a realizar vuelos de entrenamiento. No es tan difícil ser capitán de la fuerza aérea, y además el cuerpo de papá se acuerda de cómo hay que hacer las cosas, así que no hay problema. Y, como ya he dicho, cuando voy metida en la cabina es como si saliera directamente de la cabeza de Dios, un pensamiento divino dentro de una burbuja de pensamiento divino, totalmente invisible. A veces me siento mal por mamá, porque no sabe la verdad y yo no puedo contársela. Aunque se lo dijera, no me creería. Le provocaría un sufrimiento innecesario.

Al volver a la base aérea de Holloman me condecoraron con la Estrella de Plata y me ascendieron a capitán. Luego, en mi primer día en casa, mamá me llevó al cementerio a visitar mi tumba, aunque sería mejor decir la tumba donde está enterrado mi cuerpo. Me obligué a derramar una lágrima por el bien de mamá. El sitio era bonito. Había un roble con un cuervo en una rama. En la lápida decía: «Libby Dugan, nuestra querida hija, demasiado buena para ser verdad». Claro que a veces, por la noche, mamá se anima más de cuenta en la cama, pero yo la rechazo. Ella cree que es porque estoy triste, e intenta hablarlo conmigo. Dice:

—Sé lo que te preocupa. Pero lo superaremos. Libby está en el cielo. La vida es demasiado hermosa como para que estemos tristes. Y seguimos teniéndonos el uno al otro.

Pero últimamente ha empezado a ponerse como loca. Ha empezado a gritarme y a decirme que la flor que tiene dentro se le está marchitando. Bueno, yo siempre cambio de tema porque me da no sé qué. O me levanto de la cama y salgo al porche de atrás y me fumo un cigarrillo.

Smoky Joe era el único que sabía la verdad. Me seguía a todas partes, se me restregaba contra las piernas y se me subía al regazo cada vez que podía. Supongo que me agradecía que le hubiera salvado la vida. Por supuesto que yo también me alegraba de verlo, pero me causaba muchos problemas. Porque mamá llegaba a casa y veía a Smoky Joe tumbado sobre mis piernas y me decía:

—Qué raro, ¿no te parece, Jeff? Yo creía que Smoky Joe te odiaba, Jeff. Desde que has llegado no te deja en paz.

Y, bueno, empecé a sospechar que mamá notaba algo. Me miraba raro cada vez que ataba lacitos en la cola a Smoky Joe o le daba galletitas de hígado. Los hilos de la madeja se estaban soltando. Mi historia estaba cada vez más fuera de control. De noche no dormía y luego miraba a los pies de la cama y allí estaba Smoky Joe, mirándome, ronroneando. Así que no debería sorprender a nadie que un día, sin querer, lo atropellara al dar marcha atrás con el Ford Bronco, en la puerta de casa.

Aparte de eso, lo demás está bien, y a veces, cuando mamá está en el trabajo, llego temprano de la base y cierro todas las puertas de la casa y corro las cortinas y desenchufo todos los teléfonos. Entonces tomo unas cosas que guardo en una bolsa de basura que tengo al fondo del armario, cosas mías. Me sujeto el pene entre las piernas con cinta adhesiva y me pongo una bombachita de flores y un vestido de mamá. Me pinto mucho los labios y los ojos y me miro con gusto en el espejo grande del salón. En ocasiones especiales, cuando me imagino que voy a asistir a un baile en el palacio real, me pongo unos guantes blancos que me llegan hasta los codos. Hago una reverencia, y, fingiendo una voz elegante, digo:

—¿Cómo estás, querida? Tienes un aspecto estupendo. ¿Té? Sí, por favor. Muchísimas gracias, eres un encanto.

Eso es precisamente lo que estaba haciendo hoy cuando mamá llegó antes de hora y entró en casa con la cámara de video en la mano. Cuando la vi entrar por la puerta, me escondí a toda velocidad en el armario. Pero supongo que debe de haberme visto, porque se vino directamente hacia mí y empezó a golpear la puerta y a gritar:

—Jeff, sé que estás ahí. Sal, Jeff. Tenemos que hablar. Sé lo que estás haciendo. Lo sé desde hace semanas. No tienes por qué seguir ocultándolo, Jeff. Y ahora lo tengo grabado. ¡Tenemos que hablar!

Empecé a ponerme nerviosa con todos esos golpes en la puerta. Intentaba buscar la manera de solucionar todo aquello, una manera en la que no se hirieran los sentimientos de nadie, en la que nadie se enterara de más de lo imprescindible. Tenía la mente en llamas. Pero al menos ahora ya saben que no estoy loco. Doctora Barret, al menos usted lo sabe. Asegúrese de contárselo a ese tal doctor Hertz. Asegúrese de que lea todas y cada una de las palabras que he escrito. Y seguro que ahora ya podrá entender el sentido de mi declaración de principios: este mundo es muy raro, y para mí todo es muy siniestro y milagroso.

Mientras estaba metida en el armario decidí acabar con todo. Saldría de allí y me subiría en mi Bronco y me iría antes de que mamá pudiera hacer nada. Pero yo no sabía que mamá sabía que aquello era exactamente lo que intentaba hacer. Yo no sabía que mamá ya se había puesto en contacto con usted. Yo no sabía que cuando saliera del armario y fuera corriendo hasta el jardín habría policías con armas cargadas con sedantes, esperándome. No lo sabía.

Estimado Sr. Bush

17 de octubre de 1991

Honorable George Bush
Presidente de los Estados Unidos
Casa Blanca
Avenida Pensilvania 1600
Washington D.C. 20500

Querido presidente:
    Lo recuerdo como si fuera ayer, señor. Sí, el día en que nos conocimos siempre brillará en mi mente como un faro mientras navego por las tormentosas aguas de mi vida. Aún me acuerdo de las primeras palabras que le dirigí, y espero que usted también las recuerde. Yo estaba en posición de firmes y le dije:
    —¡El cheddar es mejor, señor!
    (Usted se había enterado de que yo era de Wisconsin, un Estado en el que abunda el cheddar, y, como suele hacerse siempre que se habla de Wisconsin, me había comentado que aquel queso era mejor.) Y entonces esbocé un amago de sonrisa y usted me guiñó un ojo, y supe que nos habíamos conectado, que usted era alguien que me entendía de verdad.
    Lo siento. Por favor discúlpeme por lo sucia que está

esta carta, y es que ahora mismo he tenido que limpiar una caca de pájaro con un kleenex, y como ve la tinta se me ha corrido un poco. Estoy aquí recordando lo del cheddar, y precisamente en ese momento un pájaro va y se caga en la carta. Supongo que no debería sorprenderme, dado que he tenido que subir a este árbol para poder escribírsela. Pero aún podría ser peor. Por suerte tengo el kleenex. Imagínese si no lo tuviera.

 Bueno, pues ni en mi familia ni en mi unidad de reserva queda nadie que no haya oído hablar de nuestro primer encuentro, y puede estar seguro de que transmitiré nuestra historia a mi pequeño Jimmy Junior en cuanto tenga la edad suficiente como para entender su importancia. Pero en caso de que la primera dama, Barbara Bush, o su hijo, el de Texas —vi el programa especial de «60 Minutos» sobre usted y su rancho familiar, que se titulaba *Cruzado de Occidente*—, no hayan oído aún la historia de su amigo el cabo Lance James Laverne, del cuerpo de reservistas de los marines, le adjunto copia de la fotografía que nos hicieron juntos (la he sujetado con un clip a la parte superior izquierda de esta página). El que lleva la máscara de gas es usted. Yo no llevo puesta la mía porque, como bien sabe, el encargado de enfermería nos daba unas pastillas experimentales contra las armas biológicas, así que no hacía falta que las lleváramos. Cuando estuve por allí tomé más pastillas que en toda mi vida. No me malinterprete; esas pastillas podrían haberme salvado la vida si Saddam hubiera llegado a usar armas biológicas. Si los aviones de Saddam, cargados con agentes biológicos, se hubieran acercado y hubieran intentado llegar a nuestras bocas y a nuestras narices y a nuestros pulmones, aquellas pastillas rojas habrían estado allí para decir:

—¡Eh, ustedes, aviones de Saddam cargados con agentes biológicos! Ni se les ocurra. En esta nariz y en esta boca norteamericanas no van a entrar ni en broma. Nanay. ¿Es que no saben que los Estados Unidos son el país más grande del mundo? Será mejor que se vuelvan por donde han venido y que vayan a meterse en la nariz y en la boca del mismísimo diablo: Saddam Hussein. Y ahora, fuera, aviones de Saddam cargados con agentes biológicos.

¿Se acuerda de las otras cosas que me dijo cuando estábamos allí en el golfo Pérsico? Permítame que le refresque la memoria. En primer lugar, usted llegó en uno de aquellos días abrasadores en los que hace tanto calor que el cerebro parece que va a cocerse dentro del casco como si fuera un huevo, y algunos de nosotros acabábamos de enterrar lo que había quedado de un par de soldados iraquíes de frontera, chusma pura, a los que habíamos matado en un ataque con mortero. ¡Qué desastre nos encontramos al llegar a la zona, señor! Tendría que haberlo visto. Cuando nos bajamos del Hummer para inspeccionar los daños, aquello parecía uno de esos proyectos de arte contemporáneo de la NEA[1] que se ven en las noticias: sólo un agujero negro en el suelo lleno de madera carbonizada y miembros humeantes y sangre y pelos y arena, y debo confesarle que aquella visión me hizo considerar lo largo y extraño que es en realidad el viaje de la vida.

Bueno, pues aquella tarde yo estaba matando el tiempo en mi litera, escribiéndole una carta a la señora Laverne y al pequeño Jimmy Junior, una carta en la que les contaba lo del ataque con mortero, cuando un

---

1 National Educative Assotiation. (*N. del t.*)

marine asomó de pronto la cabeza en nuestro barracón y gritó:

—¡El presidente está aquí! ¡El presidente está aquí! ¡Vamos, locos, el presidente está aquí! ¡Todos a formar ahora mismo! ¡Perros sarnosos! ¡Uno, dos! ¡Uno, dos!

No podía creerlo. ¡Llevaba tanto tiempo soñando con conocerlo, señor! Salí disparado de la litera con mi uniforme mal puesto, y me puse a formar tan de prisa que parecía que me hubieran salido alas en los pies. Fui el primer marine en llegar, con eso se lo digo todo. Y entonces, en un abrir y cerrar de ojos, todo el pelotón estaba ya en su sitio, y todos nos pusimos firmes y henchidos de orgullo cuando apareció su helicóptero y empezó a levantar tanta arena por los aires que tuvimos que cerrar los ojos, toser y escupir y, al final, dar vuelta la cabeza. ¿Se acuerda usted de la primera vez que el helicóptero intentó aterrizar y estuvo a punto de abalanzarse directamente sobre nuestro pelotón, señor? ¿Y de que nosotros tuvimos que dispersarnos en el último segundo, que seguro que desde el aire parecíamos una de esas manadas de cebras que se ven en el Discovery Channel escapándose de los leones?

Entonces usted se bajó del helicóptero de un salto y el capitán Griffies lo saludó, y los dos se metieron en su tienda. Bueno, no sé de qué hablaron usted y el capitán Griffies, pero seguro que era algo altamente confidencial, porque estuvieron casi dos horas ahí dentro, y por supuesto nosotros seguimos formando fuera, y creo que hablo por todos los demás si le digo que nunca nos habíamos sentido tan orgullosos de permanecer firmes al saber que el presidente de los Estados Unidos estaba diseñando estrategias militares de máxima prioridad a cincuenta metros de nosotros. Y cuando salió, bueno, qué voy a decir, ahí fue cuando demostró sus grandes dotes de líder. Podría fácilmente haberse subido otra vez en su helicóptero y haberse ido sin que a nadie le hubiera parecido mal, pero eso no es lo que hace un dirigente carismático, ¿verdad que no, señor? No, señor. ¡Al mismísimo Sun Tzu[2] no le vendría mal aprender un par de cositas de usted! Porque, en vez de irse, se paseó entre las filas para levantarnos la moral, deteniéndose junto a cada marine para conversar con él, y yo me puse tan nervioso cuando vi que iba acercándose... ¡el corazón me latía tan de prisa! Y de pronto ahí estaba, el presidente George Bush, delante de mí, el cabo Lance Laverne. Por si alguna vez se lo ha preguntado, señor, le diré que sí, que la voz se le oía un poco turbia, pero eso era porque llevaba puesta la máscara todo el rato. A todo el mundo se le oye así si lleva la máscara. Pero no todo el mundo parece Darth Vader. No. Y usted sonaba exactamente como él. Darth Vader con acento sureño, sólo que más fino.

Bueno, pues yo estaba ahí, firme, y se acercó usted y me dijo lo del cheddar. Y luego me dijo:

—Tranquilo, hijo —y me preguntó si sabía por qué estaba ahí.

Y yo le respondí que sí, señor, que claro que lo sabía. Le dije:

—Estoy aquí para defender a los ciudadanos de los Estados Unidos de América.

Y usted me dijo que tenía toda la razón, y entonces se acercó mucho a mí y me susurró al oído:

—¿Sabes qué quiero que hagas, marine? ¡Quiero que vayas a Kuwait y eches a Saddam de una patada en el culo!

---

2 Autor chino del primer tratado militar de la historia. (*N. del t.*)

Yo le dije:

—Sí, señor.

Y lo dije tan alto que usted se retiró un poco, y sus dos guardaespaldas vinieron corriendo y me pusieron los cañones de las pistolas en la nuca, pero señor, yo lo dije en voz tan alta para que todo el mundo supiera que acababa de acatar una orden que me había dado directamente el presidente de los Estados Unidos. A lo mejor sí estaba actuando con un poco de orgullo delante de los demás marines, pero es que usted y yo nos habíamos conectado tan bien, y, además, ¿sabe una cosa? Bueno, ya la sabe. ¡Que fuimos a Kuwait y echamos al moro de mierda ese de una patada en el culo!

Ya sé que en este momento seguramente estará muy ocupado gobernando el mundo, señor, pero sólo quiero darle algunos detalles del glorioso día en que liberamos Kuwait. Irrumpimos como un cuerpo de caballería, a toda velocidad por las calles desiertas que antes ya habían peinado de minas, y enfilamos la Ruta Principal de Suministros para culminar el asalto final. Por encima de nuestras cabezas, los Apaches y los Cobras lanzaban sus misiles a cualquier soldado iraquí a pie, a cualquier tanque o vehículo que cometiera el grave error de cruzarse en nuestro camino, y ahí estaba yo, el cabo Lance Laverne, sentado en el asiento superior de nuestro Hummer, que cabeceaba al subir y bajar las dunas. Todos llevábamos la cara manchada con pintura de camuflaje y las armas preparadas porque no sabíamos qué peligros podía haber al acecho, y, a lo lejos, vimos los primeros pozos de petróleo convertidos en lenguas de fuego y humo negro. Por un momento sentí que aquello era de verdad la Tercera Guerra Mundial, o, para ser más exactos, el Infierno, y que nosotros estábamos allí, enviados por Dios Todopoderoso y que éramos el Destino manifiesto[3] que había regresado a Tierra Santa para expulsar al mismísimo Príncipe de las Tinieblas.

A medida que nos acercábamos a Kuwait íbamos recibiendo partes de radio sobre el fuego cruzado en el aeropuerto, y a mi escuadrón le ordenaron que fuera a prestar apoyo. Con nuestros tres Hummers nos abrimos paso aplastando las alambradas que lo rodeaban, y avanzamos por la pista de despegue. Entonces fue cuando oímos otro parte, en este caso sobre un francotirador que estaba en el tejado de la terminal, así que Private Breeks y yo viramos con nuestro Hummer y atravesamos el caos que nos separaba del edificio principal. La puerta que daba acceso al tejado estaba cerrada, así que yo la reventé con mi C-4 y la abrí, pero lo que vimos cuando salimos al tejado envuelto en humo me tomó por sorpresa, señor. Breeks dijo:

—Esto no es un francotirador. Al pobrecito vamos a hacerle daño.

Y tenía razón, porque lo único que había en aquel techo de paja era un perro, un beagle, con un palo en la boca. Y entonces, mientras Breeks se le acercaba, recordé aquellas historias de los niños del Vietcong que llegaban corriendo a las instalaciones militares con cartuchos de dinamita encendidos metidos en el culo, y le grité:

—¡Breeks, no, no, Breeks!

Pero Breeks agarró rápidamente al perro y giró hacia mí con una sonrisa de oreja a oreja y vi que el palo que llevaba en la boca era sólo un palo, y suspiré aliviado. Y en-

---

3 Destino manifiesto es una expresión que utilizaban los dirigentes y políticos estadounidenses en la década de 1840 para justificar la expansión territorial hacia el oeste del país. (*N. del t.*)

tonces fue cuando oímos el chasquido, y la granada rodó por todo el tejado hasta detenerse en la bota de Breeks que, sin dejar de sonreír, soltó el perro y salió disparado por los aires. Entienda, señor, que todo esto sucedió muy de prisa, en cuestión de un par de segundos. El cuerpo de Breeks se dobló en lo que pareció ser un triple salto mortal, se partió en dos por la cintura y aterrizó así dividido sobre el techo del aeropuerto. El soldado Breeks estaba roto como una entrada de cine.

Fui hasta el otro extremo de aquel tejado, que era desde donde habían lanzado la granada, y allí sí había un soldado iraquí agazapado detrás de una valija a cuadros, aunque la mitad de la cabeza le sobresalía por encima y dejaba ver el pelo cortado a cepillo. Me saqué la Beretta y le grité:

—¡Quédate donde estás!

Y entonces fue cuando me pareció oír a Breeks pidiendo ayuda:

—¡Me he roto, Laverne! ¡Dios mío! ¡Me he roto, Laverne!

El soldado iraquí, de pronto, ya estaba de pie y avanzaba de lado, lentamente, por el borde de la plataforma con las manos en la cabeza, y yo notaba que la situación estaba empezando a escapárseme de las manos. Girando, grité:

—¿Breeks?, ¿Breeks? ¿Eres tú?

Pero al girar me di cuenta de que lo que me había parecido Breeks era sólo aquel perro imbécil, que ladraba hasta quedarse afónico.

—¡Ruf, ruf!

Y entonces el iraquí salió corriendo y se escabulló por la puerta. Señor, no sabía qué hacer. Me notaba mareado, y tenía la mente como aletargada. Durante un momento, que se me hizo interminable, era como si tuviera la cabeza atravesada por una luz blanca y caliente, y entonces, como si mi cuerpo actuara sin mí, me abalancé sobre el perro, lo agarré por una pata trasera y le reventé la cabeza contra el suelo. Repetí aquel gesto una y otra vez. Luego desenfundé mi cuchillo y volví al trabajo.

Minutos después, alguien se me acercó por detrás.

—¿Qué diablos es eso, marine?

Por la voz supe que era el sargento Muller. Así que me di vuelta con lo que quedaba del perro en las manos.

—¡Acabo de matar a este enemigo, mi sargento! —le dije con voz entrecortada.

Muller miró un instante a su alrededor antes de proseguir.

—No me refiero a esto, Laverne, parece tonto, me refiero a eso —y me señaló el estómago.

Miré hacia abajo.

—No sé de qué me está hablando, mi sargento —le dije.

Y el sargento Muller insistió.

—Ahí, marine, ahí debajo. Levántese la camisa ahora mismo, marine. Laverne, si no se levanta la camisa le voy a dar una patada en el culo en mitad de esta guerra. ¿Es eso lo que quiere? ¿Quiere que le dé una patada en el culo en mitad de esta guerra?

Así que me levanté la camisa, porque era del dominio público en mi unidad que Muller estaba loco y que la gente que lo contradecía tenía la mala costumbre de acabar en el hospital por cosas raras, como por ejemplo por soltar la argolla de una granada y acto seguido tropezar y caer sobre ella, o por despertarse en plena noche y tragarse una ración de comida de supervivencia que no recordaba haber abierto.

Los del primer pelotón ya habían llegado, y nada más levantarme la camisa, oí que uno de ellos decía:

—Mierda.

Y otro dijo:

—¿Pero qué carajo es esto?

Y todos se echaron a reír. Eran risas guturales, profundas. Caramba, yo nunca había oído a nadie reírse tan fuerte. Se reían tanto que me olvidé de Breeks y del enemigo al que acababa de matar y del fuego cruzado que seguía vivo en la pista de aterrizaje. No pude evitar sonreír un poco, porque era ese tipo de risa contagiosa que hace que tú también tengas ganas de reír. Y ya todos estábamos riéndonos. Yo me reía tanto que volví a notar que me mareaba, como si todo el aire de la cabeza me estuviera levantando el cuerpo del suelo, como un globo.

Pero al bajar la vista dejé de reírme al momento. Porque allí, a la altura de mi segunda costilla izquierda, había una oreja humana perfecta. Y de pronto ya no oía nada, ni aquellas risas guturales ni el sonido de los disparos. Ni siquiera mi propia respiración. Todo Kuwait había quedado en silencio. Me pareció que transcurrían años mientras yo seguía mirando aquella oreja de la segunda costilla izquierda, que me salía directamente de la piel. Teóricamente era mía, supongo. Mi tercera oreja. Al contemplarla, me recorrió una oleada de náuseas. Fue entonces cuando el sargento Muller me dijo:

—Dios mío, Laverne, tiene problemas. Óigame bien. Ni se le ocurra acercarse a mí, carajo, Laverne. Le juro por Dios que si se me acerca, será lo último que haga en su puta vida. ¿Me ha oído bien?

Y entonces se dio vuelta para dirigirse a sus hombres.

—Larguémonos de aquí.

Bueno, señor, pues ahí me quedé, en el techo del aeropuerto, unas dos horas, a medida que el cielo iba oscureciéndose con el humo de los pozos incendiados. Pero a aquellas alturas yo ya no prestaba atención, porque en todo aquel tiempo no aparté ni un segundo la vista de la oreja. La estudié. La toqué. Incluso intenté lamérmela. Luego, cuando al final oí la alerta química que sonaba por toda la ciudad, agité la cabeza, me bajé la camisa, saqué de la mochila mi traje MOPP (Mission Oriented Protective Posture) de nivel 4, protector de guerras químicas, y me lo puse. (Por si no lo sabe, señor, el equipo MOPP 4 se compone de unos pantalones y un abrigo muy pesados, guantes y botas de goma y una máscara antigás; de ahí que lo llamen el preservativo de cuerpo entero.) Y mientras me arrastraba por el tejado para bajar a reunirme con los marines de mi escuadrón, con los que acabaría matando a cuatro soldados iraquíes más, lo único de lo que estaba seguro, allí en mitad de aquella guerra, era que la diferencia entre aquella tercera oreja y las otras dos, las de la cabeza, era que ésta no tenía orificio. Caramba, señor, que aquella tercera oreja mía era sorda.

Tras el alto el fuego estuve siete meses más en el golfo Pérsico, encargado de diversas tareas; me destinaron a un puesto de control en la carretera de Bagdad a Basora, patrullé la zona desmilitarizada cercana a Umm Qasr, participé en la destrucción de campos provisionales en lugares cuyos nombres no recuerdo, y a lo largo de aquellos siete meses intenté no pensar en la oreja. Me obligué a olvidarme de ella. Y me fue fácil, porque sencillamente no volví a mirármela. Ojos que no ven, corazón que no siente, eso era lo que pensaba. Y le diré una cosa, señor. Me fue bien. Porque, vamos a ver, ¿cuántas veces se mira uno la segunda costilla izquierda? Pasado un tiempo, llegué a olvidarme de su existencia. Y si por una de esas extrañas casualidades me la rozaba con el brazo izquierdo cuando manipulaba mi M-16, o si se me enredaba una sábana en ella cuando me daba vuelta en la litera, o si en la ducha, sin querer, me pasaba la mano al enjabonarme, bueno, pues me decía a mí mismo que era un sueño. Me decía:

—Cabo Lance Laverne, tú estás soñando. Crees que te acabas de tocar una oreja que te ha salido en la segunda costilla izquierda, pero no es verdad, porque estás soñando. Los sueños son tonterías, no significan nada.

Y entonces hacía como que me despertaba. Estuviera donde estuviera, me estiraba y bostezaba y me rascaba la cabeza. Así, de esa manera, la oreja dejó de existir, señor.

Está claro que la oreja no existía cuando volvimos a pasar por Madison, aquel primer día en que nos llevaron directamente al desfile que pasaba por el centro de la ciudad, aquel desfile que nos recibía diciéndonos Nos alegramos de que estén en casa. Ahora ya pueden ir a reunirse con sus esposas (y si son gays, no queremos saberlo). Y, mientras iba montado en mi carroza, la que llevaba el lema «¿Ya tienen petróleo?», con mi uniforme de gala, rodeado de bailarinas de *striptease* con sus flecos azules, blancos y rojos saliéndoles de los pezones, no pensé ni una sola vez en la oreja. Mientras los sonidos de las bandas militares y de mis compatriotas me inundaban la mente, lo único que pensaba era en lo feliz que me sentía de estar de nuevo en casa. En lo agradecido que estaba por poder volver a comprarme un chocolatín Sneakers, por poder hacer las cosas que tengo derecho a hacer como norteamericano, un derecho que emana de Dios. Estaba saludando como un loco cuando vi a la señora Laverne con su vestido rojo. Jimmy Junior iba subido en sus hombros, agitando una banderita estadounidense mientras con la otra mano sostenía un globo rojo. Era uno de esos días soleados y frescos de Madison, tan hermosos que uno se siente bendecido, y aquél fue uno de los momentos más felices de mi vida adulta, allí, en medio de la gente de mi ciudad, sintiendo todo aquel amor. Porque, cuando ya todo ha pasado y está todo dicho, lo que queda, señor, es el amor. ¿O no tengo razón?

Pero luego, al llegar a casa después del desfile aquella noche, después de entrar en la habitación de Jimmy Junior, que estaba dormido, y de darle un beso en la frente, fui al dormitorio, y la señora Laverne me quitó la camisa y vomitó y se desmayó. Entonces fue cuando volví a pensar en la oreja, señor, y supe que ya no estaba soñando. La oreja era de verdad. Sí, señor. Mientras la señora Laverne se revolvía sobre su propio vómito, miré directamente mi segunda costilla izquierda en el espejo de cuerpo entero y vi que la oreja ya había hecho su entrada oficial en el mundo de la realidad.

Fuimos al hospital militar un par de días después, y el doctor Dunnard me dijo lo que siempre había sospechado. Que no me pasaba nada. Me dijo que la oreja era benigna, y que no había ninguna relación entre ella y mi acto de servicio en el golfo Pérsico. También me dijo que seguramente padecía síndrome de estrés postraumático y que quería recetarme Prozac. Cuando la señora Laverne oyó todo aquello se alteró muchísimo, como les pasa a veces a las mujeres, y empezó a volcar sillas y a tirar carpetas en el consultorio del doctor Dunnard, mientras gritaba:

—Si no le pasa nada, ¿entonces qué mierda es esto? ¿Qué mierda es esa cosa? ¿Me está diciendo que mi esposo es un fenómeno de circo? Mi esposo fue a la guerra en el golfo Pérsico y no tenía esa oreja en el estómago, y ahora vuelve de la guerra y tiene esa oreja en el estómago, ¿y usted me está diciendo que no le pasa nada?

Como ya le he dicho, señor, estaba bastante alterada. Yo también empecé a alterarme con todo lo que decía, y no sabía qué hacer con toda aquella excitación. Señor, me estaba poniendo muy nervioso y no podía quedarme quieto. Pero al final el doctor Dunnard le inyectó algo y la calmó, y volvimos a casa en silencio.

Aquella noche la casa estuvo bastante tranquila, aunque primero oí a la señora Laverne llorando en el baño y luego me desperté en plena noche y la señora Laverne estaba gritándome y me decía:

—¡Saddam usó armas biológicas! ¡Por eso te ha salido la tercera oreja! ¡Lo he visto en la CNN! ¡Eres un monstruo atontado! Al gobierno no le importa lo más mínimo. A George Bush, que según tú es tan amigo tuyo, no le importa una mierda. Para él no eres más que un cabeza hueca. Quiero que mañana, nada más levantarte, llames a un abogado. Vamos a llevar este caso al Tribunal Supremo.

Bueno, señor, es que ella estaba muy mal, con toda la emoción de mi regreso y esas cosas. A veces es muy duro para las mujeres de los soldados, y yo no quería que se disgustara más de lo que ya estaba, así que le dije:

—Claro, cielo, te prometo que llamaré cuando termine de hacerle la cabaña a Jimmy Junior.

Pero no llamé nunca, por supuesto.

Lo que sí hice fue construirle a Jimmy la mejor cabaña del mundo. Como estaba encima de un árbol, instalé una escalera de cuerda que se enrollaba. Le construí una pequeña plataforma para el telescopio y la pinté con pintura selladora Thompson. Construí una cocinita con fregadero y horno microondas. Instalé un retrete provisional y conecté un generador para que hubiera electricidad. Y subí una tele y una radio de onda corta. Sólo quería lo mejor para Jimmy Junior, y además el trabajo me servía para distraerme.

La verdad es que lo de la oreja no me preocupaba mucho, y me entristecía ver que la señora Laverne no podía quererme tal como era. Además, estaba empezando a enfadarme bastante por todo el escándalo que estaba organizando. En el fondo, ¿qué importancia tiene una oreja más o una oreja menos, señor? Porque, además, no me dolía nada. Bueno, claro, si me la rozaba con algo sin querer, si me la estiraba, notaba como si un carbón encendido me perforara la piel, y no se me pasaba hasta que me ponía un cubito de hielo encima, pero aparte de eso estaba bien. No me malinterprete. Si me dieran a elegir, preferiría no tenerla, pero tampoco era para tanto. A mí lo que me gusta es pensar en la oreja como si fuera una flor. Un girasol que me ha brotado en el cuerpo y que crece. Hay personas que vuelven de la guerra mucho peor que yo. Les faltan piernas, brazos, dientes, ojos. Hay gente que vuelve muerta. En realidad, bien mirado, yo había salido ganando algo, vamos, que lo mío era lo contrario de una mutilación. Era un ganador, y aquello era lo que seguía intentando hacerle entender a la señora Laverne.

Entonces, hará cosa de una semana, sin ningún motivo, al menos que yo sepa, me desperté de madrugada. Miré a la señora Laverne, que dormía con la cabeza enterrada en la almohada, y vi una cosa minúscula y brillante medio oculta por la mata de pelo negro de su nuca. Un resplandor de algo que se reflejaba a la luz de la luna. Yo estaba medio dormido, y en una región lejana de mi cerebro me pregunté «¿qué diablos es eso?». Pero estaba muy atontado y casi al momento cerré los ojos y volví a hundirme en el país de los sueños. A la noche siguiente volvió a suceder lo mismo. Me desperté y, sin motivo aparente, me di vuelta y allí volvía a estar aquella cosa que brillaba en la cabeza de la señora Laverne. Ojalá me hubiera vuelto a quedar dormido, que es lo que tendría que haber hecho, porque la verdad es que estaba totalmente agotado. Pero no lo hice. Lo que hice fue apartarle el pelo para ver mejor.

Tardé un segundo en darme cuenta de qué era aquello que brillaba. Era un diente. Un diente perfecto, blanco y brillante. Un diente entre muchos otros, dos hileras de dientes, para ser exactos, dispuestos dentro de una boca ciento por ciento boca, con sus labios y todo. Alargué la mano y le toqué el superior. Era suave, señor, muy suave. Aquello era una boca de verdad en el cuello de la señora Laverne. De aquella boca salió una lengua y lamió la parte del labio que yo acababa de acariciar. Y entonces aquella boca me dijo:

—Hola, Laverne. —Me quedé helado. La boca siguió hablando—: Eh, ¿qué pasa? ¿Qué te parece? No está tan mal, ¿verdad?

Hablaba con un timbre de voz agudo de hombre, y la verdad es que no me gustaba nada el tono que empleaba conmigo. Así que le pregunté que qué estaba haciendo en el cuello de mi mujer, que con quién carajo se creía que estaba hablando. Y la boca me dijo:

—Estoy hablando contigo, Laverne. ¿Qué? ¿Estás bromeando? Vamos, hombre, qué pedazo de actor estás hecho. Como si no supieras quién soy, ¿eh? ¡Hola, me llamo Laverne y no sé quién soy! ¡Eh, tú, Laverne! ¿Qué crees que hará la señora Laverne cuando vea que me tiene en el cuello? ¿Crees que me va a cepillar los dientes? Porque te digo una cosa, Laverne, para mí lo de la higiene bucal es importantísimo. Si tienes la suerte de tener unas perlas como las mías, haces todo lo posible por conservarlas. —Y entonces la boca retiró los labios y dejó ver lo que debo admitir eran unos dientes muy bonitos—. No están nada mal, ¿verdad?

Yo ya estaba empezando a enojarme, y así se lo dije a la boca, y también le dije que por su bien era mejor que respondiera a mi primera pregunta en relación a qué estaba haciendo en el cuello de mi mujer. Y la boca me dijo:

—Eh, Laverne, deja ya el enojo. Tranquilízate. Estoy aquí por ti. Estoy aquí porque te fuiste al golfo Pérsico y luchaste en la guerra, Laverne. ¿Es que me estoy perdiendo algo? Vamos, hombre. ¿Cómo es posible que no lo sepas? Despierta, Laverne. Ponte las pilas.

Y entonces fue cuando supe que aquella boca nueva que tenía mi mujer en el cuello era una mentirosa de mierda, y así mismo se lo dije. Entonces ella me dijo a mí:

—Laveeeeeerne, me parece que no me está creciendo la nariz, ¿no? No, no me está creciendo. No te miento, amigo.

Bueno, señor, ¿qué podía hacer? ¿Qué habría hecho usted si se hubiera despertado en plena noche y hubiera visto que la primera dama Barbara Bush tenía una boca en el cuello? Una cosa estaba clara: no podía hacer lo que me habría gustado, que era darle un puñetazo en la boca a aquella boca, porque en la práctica aquello sería como darle un puñetazo a la señora Laverne. Así que lo que hice fue taparla con cinta adhesiva y ponerme a dormir.

A la mañana siguiente todo se complicó. Me desperté y vi a la señora Laverne de pie frente al espejo intentando arrancarse algo de la cara. Se agitaba a un lado y a otro, y por un momento me recordó a esos mimos que en sus actuaciones forcejean simulando que se arrancan la cara de la cabeza. Pero entonces me fijé mejor y entendí lo que pasaba: en mi estado de letargia de la noche anterior, seguramente le había tapado la boca normal con la cinta adhesiva en vez de la otra.

La señora Laverne giró para mirarme y, al ver la expresión de sus ojos, durante una fracción de segundo pensé que tal vez era mejor que tuviera la boca tapada, teniendo en cuenta las cosas que seguramente me habría dicho de haber podido. Pero no tuve mucho tiempo para detenerme en aquellos pensamientos, porque ella tomó una pastilla de jabón Dove y me la tiró con tanta fuerza que me tumbó sobre la cama y me hizo ver las estrellas. A través de aquellas estrellitas que daban vueltas vi a la señora Laverne que se acercaba muy de prisa con las tijeras de pelo en la mano y yo pensé que no, que aquella no era la manera en que quería morir, y entonces apareció Jimmy Junior, que entró en la habitación frotándose los ojos, envuelto en su mantita, y dijo:

—Papá, papá, ¿qué está pasando?

Y nosotros, la señora Laverne y yo, paramos y nos dimos vuelta para ver a nuestro hijo, y yo dije:

—¡Oh, no, Dios mío!

Porque allí, a plena luz del día, estaba Jimmy Junior con su cara de siempre, igual en todo menos en una cosa: le faltaba la nariz. La cara era más plana que una tabla. Sin fosas nasales. Mi pequeño Jimmy Junior no tenía nariz.

Por favor, señor, decida lo que decida, no se equivoque conmigo. Incluso al ver que la señora Laverne salía con la valija y con Jimmy Junior, me mantuve firme en mis convicciones, que por supuesto son las suyas: Saddam Hussein no usó armamento biológico en el golfo Pérsico. Si hay algo que no soporto es a los quejosos. Odio a todos esos que se llaman a sí mismos ex combatientes de la «Tormenta del Desierto», con sus dolores de cabeza y su caída del cabello, que van por ahí diciendo que tienen el síndrome de la guerra del Golfo. Como el cabo Hale, que vive en mi misma calle. No puede caminar. Cuando quiere ir a algún sitio tiene que sentarse en un monopatín. Y viene a mi casa con la cara llena de granos de pus y le echa la culpa al gobierno de los Estados Unidos. El otro día intentó convencerme para que firmara una petición, porque hace un par de semanas cometí el error de emborracharme con él y le enseñé la oreja. Hale me miró y me dijo:

—Vamos, hombre. Laverne, no seas tan patriotero. Esto nos afecta a todos. Tú esto no te lo mereces. Piensa en Jimmy Junior.

En aquel momento yo estaba subido al árbol, en la cabaña (en la que me he instalado de manera provisional) y Hale estaba abajo, en el jardín. Agitaba un papel que llevaba en la mano, y del que distinguí el encabezamiento: «QUERÍAN PETRÓLEO Y SE LO CONSEGUIMOS; AHORA TIENEN QUE AYUDARNOS». Así que le apunté con mi Beretta y le dije:

—Harás bien en no volver a mencionar nunca más a mi hijo, Hale. En realidad, harás muy bien en no pensar en él tan siquiera, Hale.

Y fue entonces cuando se me ocurrió lo de volar. Cuando Hale salía del jardín montado en su monopatín me asomé para verlo, perdí el equilibrio y me caí al suelo. Aterricé de espaldas. Durante unos minutos creí que me había quedado paralítico, porque no podía mover las extremidades. Luego creo que perdí el conocimiento. Cuando me desperté, las estrellas ya salpicaban el cielo de la noche, y tenía la solicitud de Hale pegada con cinta adhesiva en el pecho. Eso fue hace cuatro días. Al final conseguí subir otra vez a la cabaña, y ya no he vuelto a bajar. Tengo la espalda destrozada, pero me duele menos si me quedo sentado. Así es como estoy ahora. Y, con todos estos pájaros volando por aquí, se me ocurrió: a lo mejor no me dolía por la caída, sino porque estaban a punto de salirme unas alas. Algo así como el dolor en las encías antes de que salgan los dientes. Me imagino que no es demasiado pedir. Me imagino que si te sale una oreja o una boca, entonces también es posible que te salgan alas. Y, claro, si me salieran alas, podría irme volando hasta la casa de mi suegra, en Seattle, y sé que si la señora Laverne mirara al cielo y me viera allí volando con mis alas nuevas, se le pasaría lo de la oreja, la boca y la nariz. ¿Quién se atrevería a rechazar a un hombre con alas? Así que cada mañana me miro bien por si ya me han salido, pero no, y siento como si se me estuviera acabando el tiempo.

Por eso me preguntaba si usted podría hacerle un favor a un viejo amigo y escribirle una breve nota a la señora Laverne diciéndole que debería volver a casa con Jimmy Junior para ser otra vez la familia unida de siempre. Sé que tenemos problemas, pero no son nada que no pueda superarse con amor. ¿Podría decirle que está orgulloso de mí y que serví a mi país con honor? ¿Podría decirle que yo le pido que vuelva para que podamos empezar a sanar? Me temo que ella ya no está dispuesta a escucharme, señor. Ni siquiera me habla. La última vez que la llamé puso la boca al teléfono, y la boca me dijo:

—Por el amor de Dios, Laverne, ¿es que no te rindes nunca? ¿Es que crees que no sabemos que eres tú el que llama por la noche? ¿Es que no te das nunca por aludido, Laverne?

Y entonces fue cuando colgué. Porque lo que está claro es que no iba a quedarme ahí sentado aguantando las impertinencias de aquel mentiroso hijo de puta.

Sepa que le estaría muy agradecido si escribiera esa carta, señor. Por favor, envíela a Bengal Street 381, Seattle, WA 98122, que es la dirección de mi suegra. Entonces, a lo mejor, mi vida pueda volver a ser como antes. Porque, si a un hombre le quitan la familia, ¿qué le queda? Extraño llevar a Jimmy Junior sobre los hombros y jugar a los dinosaurios, y mi única compañía son los pájaros que se acercan a este árbol. El invierno se acerca, y las hojas están cayéndose. Pronto no me quedarán ni los pájaros. Sé que usted me entenderá, señor. Y sé que a usted la señora Laverne sí le hará caso. Por favor, salude de mi parte a la primera dama Barbara Bush, a George W., y a Jeb. Sí, señor. Dígales que pienso en ellos con frecuencia. Y, como siempre, es para mí un gran honor estar a su servicio.

Semper Fidelis

Cabo LANCE JAMES LAVERNE

La gran maquinaria
estadounidense

Buenos días, Clarence T. Fordham, por favor no te alarmes, porque ya me imagino en lo que estás pensando ahora, mientras luchas por recobrar la conciencia, y la respuesta es no, esto no es un mensaje confidencial enviado por Dios y dirigido con precisión hasta el interior de tu cabeza, aunque la verdad es que se le parece mucho, porque sin duda yo soy el mensajero del grupo más célebre de hermanos y hermanas de Dios: el Cuerpo de Marines de los Estados Unidos. Clarence T. Fordham, me llamo sargento Hartigan y me dedico a reclutar a futuros marines de los Estados Unidos. Según nuestras informaciones, en mayo terminarás tu último curso en la Lyndon Baines Johnson (¡ánimo Brahmas!), así que aprovecho la oportunidad para felicitarte personalmente por tu inminente graduación y para comentarte las emocionantes y atractivas posibilidades profesionales que ofrece mi amado cuerpo.

Pero antes quiero hacerte una pregunta muy sencilla. Clarence T. Fordham, ¿podrías decirme qué hiciste ayer? Porque para mí es muy importante que sepas que yo, ayer, en el desarrollo de mis deberes en tanto que sargento de personal del Cuerpo de Marines de los Estados Unidos, realicé las siguientes actividades:

- Buceé en el océano Atlántico, donde no sólo llevé a cabo una misión altamente prioritaria, sino que además tuve ocasión de ver una variada gama de fauna acuática fascinante y significativa desde el punto de vista ecológico.
- Empleé explosivos de demolición extremadamente peligrosos para la apertura, en el fondo marino, de un agujero del tamaño de una 4x4.
- Salvé la vida a un joven.

CLARENCE T. FORDHAM, si estás captando este texto con letras negras sobre lo que parece ser un fondo blanco tirando a crudo, entonces es que acabas de recibir un BRAIN MAIL®, lo que significa que ayer, yo, el sargento de reclutamiento Hartigan, emití una orden directa, y que por la noche un marine de reconocimiento se internó en tu residencia valiéndose de los medios que estimó necesarios, y, con la ayuda de bisturí y de tijeras, así como de un trozo de hilo negro, te instaló el último modelo del procesador sin cables Wireless Extended Range Data Link (WERDL) en la cabeza mientras dormías. Aunque es evidente que no te habríamos instalado el WERDL en la cabeza si tú no nos hubieras enviado debidamente cumplimentada la Postal de Franqueo Prepagado para recabar la Opinión del Pueblo Norteamericano con Preguntas Democráticas de Respuesta Múltiple (PFPO-PAPDRM), en la que tú, sabiamente, habías marcado como correcta la opción *c)* Saddam Hussein + armas de destrucción masiva = mal.

El funcionamiento del WERDL se basa en la simple activación de un botón, aquí en nuestra oficina, que hace que éste encienda una pantalla en la parte posterior del cráneo, que a su vez ordena al ojo mental metabolizar la información de dicha pantalla a través de un método de respuesta innato al sistema nervioso central moderno que se conoce como Recogida de Fruta. Por desgracia, por el momento sólo disponemos de capacidad para recibir mensajes en el cerebro, y aún está limitada, pero no para redactarlos ni enviarlos, aunque cada día nuestro equipo de bioinvestigadores y programadores informáticos de elite están dando pasos muy significativos para convertir ese proyecto en realidad, porque BRAIN MAIL® es un componente esencial del exclusivo sistema armamentístico estadounidense 900 SLAM.

CLARENCE T. FORDHAM, ahora que ya te hemos informado del mecanismo por el que has recibido este mensaje en el cerebro y de los motivos de nuestro interés por contactar contigo, me veo en la obligación legal de indicarte que seguir procesando lo que viene a continuación de este párrafo implica que nos das tu consentimiento para *a)* permitir que WERDL siga activado en tu cerebro aunque decidas no alistarte en el Cuerpo de Marines de los Estados Unidos, y *b)* permitir que un cirujano pagado por el gobierno se introduzca en tu residencia mientras duermes y te borre, mediante un procedimiento indoloro, cualquier memoria que puedas tener sobre la presencia del WERDL en tu cerebro. Con todo, si no deseas procesar las subsiguientes partes que componen este mensaje ni, por lo tanto, descubrir de qué manera podrías manejar tu vida hasta convertirla en una historia ilimitada de éxitos más allá de tu imaginación más desbocada; si, en cambio, decides abortar esta comunicación, por favor, arráncate con cuidado los Restrictores Visuales Militares (RVM) de los ojos y marca inmediatamente el número 1-800-SÍ-ALÍSTATE, y te pondrás en contacto telefónico con uno de nuestros representantes, que te desactivará el WERDL con sólo apagar un interruptor [1].

Enhorabuena, CLARENCE T. FORDHAM, acabas de vencer con éxito el primer Obstáculo de Estrategia Humana (OEH) con vistas a una metamorfosis que te llevará a convertirte no sólo en miembro de las mejores fuerzas de combate de elite de la historia de la humanidad, sino en un emblema invencible de justicia, paz y estilo de vida norteamericano. Permíteme que sea el primero en decirte que me siento orgulloso de llamarte hermano, y, como tal, me gustaría hacerte una última pregunta muy simple: ¿cuántas personas con pierna ortopédica pueden declarar con aplomo que son emblemas invencibles de justicia, paz y estilo de vida norteamericano? Sí, has entendido bien, CLARENCE T. FORDHAM, somos plenamente conscientes de que cuentas con una pierna ortopédica y, lo que es más, de que tenías la intención de ocultarnos ese dato, pues creías que nuestro conocimiento de tu situación te incapacitaría para ingresar en nuestra hermandad de elite. No obstante, CLARENCE T. FORDHAM, también tenemos conocimiento de que tu estado te ha hecho acreedor de un notable grado de angustia física y mental porque, antes de plantearnos la posibilidad de ofrecer el ingreso a cualquier individuo, repartimos representantes por todo el mundo para que recaben testimonios y evaluaciones fi-

---

[1] Con todo, debo advertirte que este gesto de bienvenida por parte del Cuerpo sólo se hace una vez, así que toma la decisión con cuidado pero sin demorarte mucho, porque el tiempo es escaso, y si pasado un espacio de tiempo predeterminado no recibimos tu llamada telefónica, no nos quedará otro remedio que entender que has decidido seguir leyendo.
  A causa de ciertas disposiciones legales, no nos está permitido revelar cuál es el margen exacto de tiempo que te queda.

dedignas sobre el sujeto en cuestión, ofrecidos por familiares, amigos y colegas. Con ellos rellenamos meticulosamente un Informe de Reclutamiento del Cuerpo de Marines de los Estados Unidos. A continuación encontrarás un extracto de tu propio Informe de Reclutamiento del Cuerpo de Marines de los Estados Unidos:

INFORME DE RECLUTAMIENTO DEL CM DE LOS EE. UU.
CLARENCE T. FORDHAM[2]

1. MARTIN FITCH: No he hablado nunca con Clarence pero sé quién es y sé que él sabe quién soy yo, porque nuestros apellidos empiezan con F, así que siempre hemos ido a la misma clase. Este año vamos juntos a Cálculo II, y yo siempre he querido ser amable con él, pero como tiene esa pierna así yo nunca sé qué es lo que tengo que hacer, porque si me muestro amable con él no quiero que crea que es porque me da pena, pero por otro lado tampoco quiero que piense que no me importa, así que lo que hago es ignorarlo, y él ya sabe que sí me importa. El mes pasado entró renqueando en clase con los ojos enrojecidos, como si hubiera estado llorando. Se pasó toda la clase sollozando, y al principio intentamos hacer como que no nos dábamos cuenta, por pura discreción, hasta la profesora, la señora Philips, que estaba muy concentrada con las ecuaciones cuadradas del pizarrón, pero luego los sollozos aumentaron en intensidad, así que al final la señora Philips se acercó hasta su pupitre, se agachó y le susurró algo al oído, y él le susurró algo a ella y estalló en llanto. Entonces recogió sus cosas y salió disparado de clase. Yo no me enteré de lo

---

2 El Cuerpo de Marines de los Estados Unidos defiende la igualdad entre sus empleados.

que le pasaba hasta el día siguiente. Resultó que en clase de gimnasia unos tipos musculosos lo agarraron, lo tiraron al suelo y le quitaron la pierna ortopédica mientras cantaban *Oh, abeto navideño*. Luego ataron la pierna a la bandera que hay frente a la escuela, y cuando sonó el timbre de la última clase y todos salieron por las puertas principales, ahí estaba la pierna de Clarence, ondeando en lo alto del mástil.

2. Kristen Wemberly: ¿No es el chico ese que nació de una probeta? ¿Y no estalló la probeta cuando intentaban sacarlo de ahí?

3. Gene Kasper: Clarence es «diferente», eso lo he sabido desde el primer momento. Al principio, cuando me enamoré de Donna, me pareció que era demasiado buena para ser verdad, aunque sí, es cierto que ya había estado casada y que por lo tanto ya había hecho con otro todas esas groserías que se hacen para que la monotonía no se instale en el matrimonio y todas esas cosas, «la puerta de atrás» y la violación fingida a la luz de las velas, pero a mí eso no me importaba, porque cuando eres el segundo marido, como era mi caso, hay ciertas cosas de las que no hablas y punto, si es que quieres pegar un ojo por las noches. Pero cuando salíamos juntos, yo esperaba que en cualquier momento sucediera algo malo, porque Donna era tan perfecta y todo eso, así que me acuerdo de lo aliviado que me sentí la primera vez que la vi descalza y constaté que no tenía cuatro dedos en los pies. Pero una noche me llevó a su casa y entonces lo vi claro. Vi a Clarence sentado en el sofá, y no llevaba puesta la pierna, y Donna me dijo: «Te presento a mi hijo Clarence». Y entonces Clarence se levantó y se me acercó dando saltitos y yo pensé: «Mierda, no, por favor». Por supuesto que yo nunca dije nada, porque no es culpa de Clarence si nació así. Además, quería a Donna, así que a la semana siguiente le pedí que se casara conmigo. Clarence

tiene una discapacidad, y, claro, mentiría si no dijera que me encantaría tener un hijo al que poder animar desde las gradas de algún estadio. Pero hay que aceptar a la gente como es, ¿no?

CLARENCE T. FORDHAM, todos los testimonios anteriores son ejemplos supremos de una idiotez aguda y mal dirigida, porque tu pierna ortopédica es una señal de lo que secretamente siempre has sabido: que has venido a este mundo para hacer algo espectacular e inolvidable, porque cuando estás en la cama, por la noche, y piensas en el futuro y te ves a ti mismo mostrándole a todo el mundo lo que vales de verdad, bueno, ésa es la verdad. Y ya que estamos tocando el resbaladizo asunto de la verdad, me siento obligado a confesarte que cuando te dije que ayer le salvé la vida a un joven te estaba mintiendo, porque la vida de ese joven a la que me refería era la tuya, CLARENCE T. FORDHAM, y los dos sabemos que eso está sucediendo ahora, hoy, y no ayer.

Así que para que puedas captar lo que intento decirte, quiero que te arranques con cuidado el RVM de los ojos, pero, por favor, sigue procesando este mensaje una vez que te lo hayas arrancado de los ojos, y asegúrate de apartarte bien las mantas y las sábanas, de manera que todo el cuerpo te quede a la vista. Y ahora, ¿ves lo que estoy diciéndote, CLARENCE T. FORDHAM? ¿Ves el milagro del que te hablo, CLARENCE T. FORDHAM? Dios mío, ojalá pudiera estar contigo para ver la expresión de tu cara, CLARENCE T. FORDHAM.

Porque lo que estás viendo, marine, es una PIERNA INALTERABLE®, una innovación más, fabricada por Sinteticalato, LLC, una filial poco conocida del Cuerpo de Marines de los Estados Unidos con sede en las Bermudas. El caso es que esta Pierna Inalterable® tiene en todos los sentidos el aspecto de una pierna humana, llegando incluso a ajustarse a la pigmentación de la piel y a coordinarse con los vellos de cada cliente; pero lo cierto es que esta Pierna Inalterable® presenta un comportamiento que excede con mucho las capacidades de una pierna humana convencional, porque los músculos artificiales se han mejorado gracias a un proceso innovador conocido como «modificación robo-genética», lo que implica que no te hará falta hacer más ejercicio con esta pierna, porque está pensada para conseguir resultados óptimos en todo tipo de actividad. Así que adelante, haz una prueba y sal a correr un poco, da la vuelta a la manzana con tu Pierna Inalterable®. Encarna el milagro que ahora eres con tu Pierna Inalterable®. Ve a patear desde la otra punta del campo de juego y mete un gol y, ya que estamos, hazme un favor, y házmelo también a ti mismo: echa abajo la puerta de Kristen Wemberly de una patada y déjale bien claro que eres un Marine de los Estados Unidos y verás cómo se te derrite en las manos.

Pero antes de hacer todas estas cosas, Clarence T. Fordham, quiero que te acerques corriendo a verme al Centro de Reclutamiento del Cuerpo de Marines (CRCM), que está en Congress Avenue, y que me firmes unos papeles y grabes un juramento en video en el que declararás que consientes acompañarme a la Unidad de Alistamiento Militar (UAM) dentro de una semana (a partir de hoy). Quiero que vengas corriendo, que abras las puertas con fuerza, y yo estaré aquí esperándote con todos los papeles que hacen falta, Clarence T. Fordham, y en menos de una hora ya habremos terminado con el papeleo y podrás caminar por donde se te dé la gana con tu nueva Pierna Inalterable®, y en tu fuero interno sabrás que has hecho lo que tenías que hacer por tu bien y por el del país. Así que, ¿qué me dices, Clarence T. Fordham? Ahora va en serio, ésta es mi última pregunta. ¿Qué me dices?

El general Schwarzkopf recuerda sus humildes inicios

Creía que estaba muerto, pero en realidad acababa de nacer, de salir a la intensa luz a través de las poderosas paredes de la vagina de mamá. Yo fui uno de esos «niños azules»,[1] lo que implica que tuve que pasar mis dos primeros meses de vida metido en una incubadora. Mis padres venían cada día al hospital y me miraban con los rostros llenos de esperanza, y nos comunicábamos por turnos; yo agitaba los brazos y movía los deditos, y ellos me señalaban y sonreían. Yo les repetía que las cosas no podían seguir de aquella manera toda la vida, y que quería que me enterraran ya. Les repetía que no volvieran si no era con un coche fúnebre.

—A ver si nos movemos un poco —les decía.

Aquello era cuando tenía el corazón del tamaño de una pasa. Podrías haber tomado mi corazón y haberlo puesto en un paquete de pasas y nadie se habría dado cuenta. Podrías haber metido el paquete de pasas en la cartera de tu hijo, con el resto de comida, y nadie se habría dado cuenta. Y tu hijo podría haberle tirado mi corazón a una niña de la que estuviera enamorado y haberle

---

[1] Así se denomina a los recién nacidos que presentan una enfermedad cardíaca congénita conocida como tetralogía de Fallot, cuya característica principal es la coloración azulada de la piel (cianosis).

sacado un ojo sin querer, de modo que la niña habría crecido y habría obtenido el cinturón negro de karate, y así en el mundo habría habido un poquito menos de amor de la cuenta porque por la noche, una mujer solitaria y tuerta, experta en karate, se habría dedicado a patrullar las calles; y nadie se habría dado cuenta.

Misión en las afueras de Bagdad

Al despuntar el día vi dos cerdos gigantes dormitando a unos diez metros, más o menos, tirados en el barro, al lado de unas vías de tren abandonadas que corrían paralelas a la ruta. De pronto aparecieron unos beduinos vestidos con túnicas, cargando unas azadas y unos rastrillos primitivos, de madera, con los que abrían surcos en los campos, mientras perros callejeros se movían por todas partes ladrando su canción antigua e ininteligible, y mujeres furtivas llevaban a sus hijos sujetos de la mano como si estuvieran atados con correa. Era una comunidad vibrante, pero los de Inteligencia nos habían asegurado que allí no habría nadie. A la mierda con los de Inteligencia.

Me di vuelta y descubrí con sorpresa a un niño árabe, totalmente inmóvil, a unos tres metros de mí, en el campo de trigo, mirándome fijamente. Tendría unos trece años y llevaba un turbante blanco muy alto, como un montículo de nieve invertido.

Me llevé un dedo amenazador a los labios.

El niño me habló con acento árabe.

—Estarse quieto tú, hijobuda. Hay que joderse. Todos ir ahora de aquí. Tú es invade. Esto propiedad privado.

Salimos del Escondite con nuestros rifles y rodeamos al chico, y Thrash le acercó la punta de su 9 mm a la frente. A la luz del día. Rodeados de civiles por todas partes. A la mierda con los de Inteligencia.

El chico parecía ignorar a Thrash.

—¡Mierda! ¿Quién es espalda mojado? —dijo señalando a Jesús.

—Tranquilo —dijo Rachel—. Tranquilo, T. Es sólo un niño.

Jesús dijo:

—Sí, repite cosas que ha oído decir y nada más.

—Mierda —dijo el niño árabe—. Los conozco, espaldas mojado nadan a Norteamérica y chupan teta del contiboyente. No me diga que no sé, desgrrraciado.

Rachel se agachó un poco y le habló con dulzura y muy despacio.

—¿Cómo-es-que-hablas-tan-bien-nuestro-idioma?

¿Pero qué era aquello? ¿La Fuerza de Paz de la ONU?

—¿Por qué no intentas controlar esta situación? —le ladré a Rachel.

Sin apartar la vista del chico, replicó:

—Sí, claro, lo haré como tú con Sandra. No vengas a darme lecciones de control, Frank.

El disparo al aire de Rachel me fue directo a las pelotas, y la mente, abierta de pronto al dolor de la memoria, se me perdió en el cielo ancho e inclemente.

Sandra, mi ex novia, era una camarera muy coqueta. Cuando la conocí trabajaba en las afueras de Fayetteville haciendo el turno de noche, y le pedí el Desayuno de Pueblo. Sandra también era, según supe más tarde, una ninfómana, o, perdón, mejor una NR, una ninfómana en vías de recuperación. Cuando descubrí la enfermedad de Sandra ella ya se había instalado en mi casa. Me desperté una noche y me la encontré llorando en silencio, mirando el techo. Cuando le pregunté qué le pasaba, me dijo que nunca había sido tan feliz y que tenía miedo de echarlo todo a perder. Entonces fue cuando me contó lo de sus impulsos sexuales y su pasado sórdido, incluido lo de su padrastro, Ralph, un simpático fanático del golf que le metía pelotas dentro porque decía que así mejoraba su juego. Yo le dije, ve a ver a un psicólogo, yo te apoyo en lo que sea. El psicólogo al que acabó yendo era un señor con bigote llamado Kevin, licenciado en Cornell y especializado en lo que se conocía como psicología postestructural. Kevin sugirió que Sandra empezara a bailar en el show de Las Chicas Húmedas y Calientes de Brad como método para elevar su autoestima. Puso mucho énfasis en la palabra «autoestima». Debo admitir que aquella idea no me entusiasmaba, pero quería a Sandra y estaba dispuesto a hacer lo que hiciera falta para que se curara.

El niño árabe se puso de lo más desagradable. Exigió que Rachel se cubriera de inmediato el rostro con un velo, y ella le dijo que no creía en Alá pero que respetaba enormemente su sistema de creencias.

—No Alá. Tú culo fea —dijo el chico.

—Cuida esa boca —le soltó Thrash antes de darle una patada en la pantorrilla que lo hizo caerse al suelo. Entonces, poniéndole la 9 mm en la sien, hizo el gesto de apretar el gatillo.

—Programa de intercambio de alumnos de Coca-Cola —soltó el niño.

Y añadió que había estudiado séptimo y octavo en Des Moines, Iowa.

—Por eso puedo hablar-tan-bien-tu-idioma.

Hizo una mueca, se puso de pie y señaló con convicción a Jesús.

—Pregunto por última vez. ¿Qué hase este sudaca de mierda en granja de mío padre?

No pude más. Aparté a Thrash de en medio, encaré al niño árabe y le gruñí:

—Creo que la palabra que estás buscando es mexicano-norteamericano.

No me gusta hacer daño a nadie, pero si a alguien no soporto es a un racista. Una de las cosas que me gustan del ejército es su daltonismo. Antes de alistarme, en el instituto de St. Albans, en D.C., tuve algunos «problemas de adaptación», y no lo digo con orgullo, pero acabé juntándome con un par de simpáticos racistas blancos, compañeros de clase de trigonometría.

Sin embargo, hoy algunos de mis mejores amigos son afronorteamericanos, mexicanos-noteamericanos y nativos-norteamericanos. Eso es lo que me ha enseñado el ejército, y me remuerde la conciencia ver cómo ha tratado Norteamérica a sus minorías, y cuando el cajero automático me pide si deseo las instrucciones en inglés o en español, yo escojo siempre español, aunque no entienda nada. Es mi modesta manera de decir que sí a la diversidad. Así que cuando oigo hablar a un racista, algo en mí empieza a hervir y me pongo violento: me sale el animal que llevo dentro.

Ésa es la explicación que se me ocurre para lo que pasó después con el niño árabe que seguía usando la palabra «sudaca». Fue eso lo que me hizo agarrarlo del turbante y tirarlo al suelo boca abajo.

Se oyó un ronquido muy fuerte, y, al mirar atrás, vi a uno de aquellos cerdos gigantescos que se incorporaba y empezaba a trotar en nuestra dirección.

—Vaya, Frank, parece que has hecho enojar a alguien —dijo Jesús entre risas.

Me di vuelta hacia mi compañero y le sonreí.

El cerdo me embistió por las rodillas y me caí al suelo. Veía borroso, pero por los ronquidos intuía que estaba preparándose para cargar de nuevo.

—¡No, no! —gritó el niño árabe.

Con el cuchillo le rebané el hocico y aquel bicho empezó a soltar un chorro de sangre. Entonces se oyó un clac; era Jesús, que le había disparado con su Beretta.

—Dios mío. Dejen en paz al niño, que esto ya lo hemos complicado bastante —dijo Rachel.

—Oh, no, mierda —gritó Jesús señalando detrás de mí con la pistola aún humeante.

Me di vuelta y vi a un beduino con túnica marrón y un arma con la que me apuntaba. El primer disparo pasó de largo con un sonido como de campana, y a nuestra izquierda reventaron unas espigas carbonizadas. De la punta del rifle del beduino salía un hilito de humo. Oímos un rumor considerable y treinta beduinos más salieron del campo de trigo apuntándonos con sus rifles. Hubo más hilitos de humo. Salimos corriendo de allí, con los beduinos pisándonos los talones.

Nos tiramos a una zanja, con los rifles apuntando hacia fuera. Algunos de los beduinos estaban dispersándose con la intención de rodearnos por todos los flancos. Nos habían sorprendido con los pantalones bajados, y todo nuestro equipo y las radios estaban en el cobertizo. Estábamos sin comunicación con el exterior y sin ninguna vía de escape. Asomé mi mirilla telescópica y vi una banda de beduinos kamikazes que venían en fila en nuestra dirección disparando los rifles. Thrash y Rachel y Jesús metían plomo a sus blancos de manera metódica. El fuego enemigo cortaba el aire sobre mi cabeza, y la zanja estaba llena de humo. Vacié mis últimos cartuchos. Rachel gritó:

—¡Mierda! —Y clavó su M-16 en el suelo.

Uno de los beduinos entró de un salto en nuestro hueco, y Jesús se dio vuelta y lo apuñaló en el cuello.

—Granadas —dijo Thrash.

Cada uno llevaba una granada en el bolsillo para poder irse de este mundo dejando claras sus posiciones, llegado el caso. Nos miramos todos y soltamos las argollas de nuestras granadas, abriendo las puertas de la eternidad. Había mucho humo, y yo notaba que la cabeza me daba vueltas en el aire, y de pronto los gritos parecían venir de muy lejos, y por un momento creí que ya estaba muerto. Pronuncié una oración mixta, silenciosa y aconfesional, intentando curarme en salud.

El silbido de un tren hizo añicos mi plegaria. Abrí los ojos y vi un tren antiguo traqueteando por las vías, camino del sur. Sin mediar palabra, intentamos volver a poner las argollas en las granadas.

—¡Yo tiré la argolla! —susurraba Thrash desesperado. Miré hacia arriba y lo vi aferrado a la granada con una expresión de impotencia tan grande que mi corazón voló a su lado. Salió de la zanja dando un salto y estalló en el aire, salpicando de sangre y trozos de carne a los beduinos que venían por nosotros. Su mano derecha se emancipó con violencia del resto de su cuerpo, salió disparada y abofeteó a un beduino en la cara. Éste se dobló y empezó a vomitar. Varios otros fueron lanzados hacia atrás y salieron disparados de sus sandalias. Nosotros salimos a la carrera para ver si alcanzábamos el tren. Rachel y Jesús se subieron al vagón de cola, que llevaba un cargamento de madera. Iba lleno hasta arriba de tablones y de troncos. La primera vez que intenté subir al vagón, que llevaba la puerta abierta, calculé mal y me rompí la mandíbula y caí al suelo, pero me levanté al momento y me puse a correr y salté con todo lo que llevaba encima y esa vez sí entré.

El día después de que el psicólogo de Sandra, Kevin, le dijera que empezara a desnudarse para elevar su autoestima, ella fue al local de Brad para tener una audición. Sandra tiene un cuerpo que hay que ver para creer; pechos grandes y redondos, pezones perfectos y turgentes con los que le podría vaciar un ojo a alguien, y, más abajo... Bueno, de lo de más abajo es de lo que no puedo ni hablar. Totalmente rasurada. Brad la contrató al momento, y a la semana siguiente ya se había comprado, por su cosa de NR, un disfraz de enfermera maliciosa, y estaba metida de lleno en la dinámica. Se hacía cosas con el estetoscopio. Recuerdo que un día Thrash se me acercó arrastrándose mientras practicábamos tácticas de navegación terrestre y me dijo:

—¿No sabes lo de Sandra? Ayer a la noche la vi en el show de Brad. Me sentí muy culpable al verla y tuve que irme.

Yo no podía contarle por qué estaba ahí, que era parte de su terapia, así que le mentí y le dije que debíamos mucho dinero y que le pagaban muy bien.

Jesús dijo que teníamos que volver como fuera hasta el pueblo para intentar recuperar nuestro equipo, que, si no, nos iban a reventar. Así que al anochecer saltamos del tren en marcha y llegamos hasta la ruta. Hacia las 02.00 decidimos dormir un rato antes de iniciar el gran asalto, pero primero encendimos una pequeña hoguera y nos sentamos en círculo.

—Thrash era un buen tipo. —Rachel parecía estar muy afectada—. Es que no me quito de la cabeza la expresión de su cara.

—Sí, la verdad es que se lo veía muy sorprendido —dije yo.

—Qué idiota eres. —Rachel parpadeó—. Bueno, no tanto.

Poco después, cuando ya se me empezaban a cerrar los ojos, oí a Rachel que le preguntaba a Jesús que qué se sentía al llevar aquel nombre.

—Siempre he querido preguntártelo —dijo.

—Pues si quieres que te diga una cosa, la verdad es que no soy creyente —le dijo Jesús.

Rachel le contestó y la Biblia qué, y María y José qué, y todo eso. Porque dijo que seguramente ella sí era creyente.

Jesús gruñó y dijo que la Biblia era sólo una crucificción; así, con dos ces en lugar de equis. Una historia para mantener a la mayoría a raya. Es sólo un código de conducta. O eso, o el mejor libro de nombres de la historia de la humanidad, dijo, y yo me quedé dormido oyendo sus risas.

Y me desperté con sus gritos de auxilio.

Rachel y yo nos incorporamos de nuestro escondite y nos arrastramos de inmediato hasta las brasas de la hoguera, que aún ardían. Jesús, que en teoría estaba de guardia, no se veía por ninguna parte. Había unas gotas de sangre sobre la arena, y un rastro que se perdía a los pocos pasos. Nos internamos en la noche, y las dunas se ondulaban sin fin, y no había nada de viento, y el sonido de nuestras botas en la arena se amortiguaba, como si estuviéramos en la luna. Rachel se detuvo jadeando.

—Un momento. Oigo algo.

Se agachó, puso las manos sobre las rodillas.

Detrás de aquella duna gigante se oía, cada vez más lejano, un quejido muy débil.

Rachel me miró a los ojos y me dijo:

—Quédate aquí.

Y entonces se tiró al suelo y empezó a reptar hacia la duna, y vi las suelas de sus botas desaparecer tras la cima.

—¿Y por qué tengo yo que quedarme aquí? —me susurré a mí mismo justo cuando Rachel empezaba a gritar.

—¡Oh, no, Dios mío! ¡Dios mío! ¡No!

Subí corriendo por la duna, pero me detuve en seco al llegar arriba. El niño árabe había montado el cuerpo sin vida de Jesús en una cruz pequeñísima de menos de un metro, hecha con unos travesaños de madera que vi que eran de las vías del tren. Jesús parecía estar como apoltronado en una de esas butacas de relax que anuncian por la tele, y sobre la arena había unos clavos y un martillo. El niño miró a Rachel y gritó:

—¡Ojo por ojo! ¡Ojo por ojo!

Yo sentí ganas de vomitar de tristeza, y mi mente se fue hasta Puerto Vallarta, hasta la casa de sus padres, hasta la foto de Jesús con el uniforme que tenían junto a la hamaca, en su humilde pueblito, hasta los gallos que, allá fuera, cacareaban desafiando su pobreza. Aquello no había sido un arrebato —el martillo, los clavos, los maderos—: era algo premeditado. Rachel bajó gritando y agarró el martillo y fue a darle al niño árabe con él. Lo último que le oí decir al niño árabe fue:

—¡Yo hago a ti favor! ¡Tú dices tú creyente! ¡Ten mesirecordia!

Pero le dio lo que él quería.

Eso lo dijiste tú, no lo digo yo

Se gratificará

Soy ciega, razón por la cual yo, Valerie Hackett, tengo que ofrecer esta recompensa, y como soy ciega no veo las teclas ahora que estoy escribiendo esto, así que discúlpenme si cometo faltas de ortografía. Hace tres semanas, el 23 de febrero de 1991, a mi hijo, Chad Hackett, de diecinueve años, del cuerpo de operaciones especiales de tierra, mar y aire de la Marina, lo mataron durante la «Tormenta del Desierto». Me enteré porque dos hombres del gobierno entraron en mi habitación y me notificaron la muerte de Chad mientras yo estaba aquí, echada en la cama.

Los detalles de la muerte de Chad son desconcertantes. Según esos hombres del gobierno, el equipo de operaciones especiales de Chad, destinado a Ras al Mishab, en el golfo Pérsico, formaba parte de una misión que llevó a los iraquíes a creer que miles de soldados estadounidenses estaban llegando en masa a la playa kuwaití de Mina Saud. Desgraciadamente, el equipo de Chad fue detectado por defensas iraquíes apostadas a lo largo de la costa, y, como ya habían enterrado explosivos en la arena, los demás miembros del cuerpo de operaciones especiales subieron a sus zodiacs y se alejaron. Sin embargo, Chad, según esos dos hombres, cargó contra la línea de ametralladoras iraquíes. Y eso es precisamente lo raro: Chad llevaba algo así como una ametralladora Koch MP-5, y sin embargo no disparó ni un solo tiro mientras corría hacia los soldados iraquíes, que lo abatieron durante su carrera. Nadie está del todo seguro de por qué Chad cargó contra los iraquíes, pero todos están de acuerdo en que fue una acción de gran valor. Los dos hombres del gobierno me dijeron que Chad era muy aguerrido y valeroso.

Los dos hombres del gobierno también me entregaron los objetos personales de Chad, los que llevaba encima cuando sus compañeros del cuerpo de operaciones especiales recuperaron el cadáver. No era gran cosa. Sus placas y su tarjeta de identificación, y una carta que, según parece, estaba dentro de una bolsa de cierre hermético, metida dentro de su traje impermeable, así que supongo que debía de ser una carta importante. Lo raro es que pedí a mi enfermera que me la leyera, luego se lo pedí a mis amigos, luego a mis familiares, pero todos, tras echarle un vistazo, se han negado a hacerlo. La única persona que llegó a «leerme» la carta fue mi hermana Rhonda, pero por la cantinela con que lo hizo y por su constante carraspeo me di cuenta de que en realidad no la estaba leyendo, la estaba inventando. Rhonda ha sido siempre muy mentirosa.

Así que a quien esté leyendo esto, a la persona que comparta habitación conmigo en el centro de recuperación y que haya entrado en este cuarto y que esté en este momento leyendo la nota de recompensa que hay pegada a la pared, junto a mi cama, quiero decirle lo siguiente: *estoy dispuesta a pagar 300 dólares a la primera persona que me lea esta carta*. La carta está pegada a la pared, justo debajo de la nota de recompensa, así que, por favor, haga una buena obra con una pobre anciana ciega, ayúdele a aliviar su corazón, y gane de paso trescientos dólares.

La carta encontrada en el traje isotérmico de mi hijo Chad

Querido Chad:

Hola, cielo. Me he puesto tan nerviosa al recibir hoy tu carta que cuando la saqué del buzón y vi de quién era, vine corriendo hasta la casa y me metí en la habitación, y llamé a Jeannete, a Pam, a Megan, al tío Stan y a la tía Judy, a mamá y a papá, que estaban en el trabajo, y a los abuelos de Seattle para decirles que no me llamaran ni me molestaran durante una hora porque iba a estar muy ocupada leyendo la carta que acababa de recibir desde Ras al Mishab, Arabia Saudí, de mi querido SEAL[1] de la Marina, que en este mismo momento se prepara para desembarcar en las playas de Kuwait.

Luego bajé las persianas y le puse el cerrojo a la puerta y me quité toda la ropa (¿te acuerdas de que cuando me llamaste desde la Base Naval Anfibia, la noche antes de que te enviaran al golfo Pérsico, me hiciste prometerte que leería todas tus cartas desnuda? ¿Y de que me dijiste que sería más divertido escribirlas si sabías que yo iba a estar desnuda cuando las leyera? Pues bueno, he mantenido la promesa) y me metí debajo de las sábanas y me abracé a mi osito Teddy (por cierto, que Rags lo mordió y le hizo un agujero y ahora se le está saliendo el relleno. ¿Qué te parece? Tuve que pegarle a Rags con el cinturón. Rags muy malo. Pobre osito Teddy), y justo cuando acababa de leer el «Querida Montana» de tu carta, llamaron muy fuerte a la puerta.

---

[1] Sea Air and Land, cuerpo especial de los Marines. (*N. del t.*)

Y yo me quedé como pensando, quién podría ser.

Así que me levanté de un salto, me envolví en una toalla y atravesé el salón a toda velocidad y abrí la puerta de par en par, y seguro que por nada del mundo adivinarías a quién me encontré. Pues a Kurt Donovan. ¿Puedes creer que Kurt Donovan estaba allí mismo, en mi puerta, como salido de la nada? Y a mí me pareció rarísimo, porque sé que Kurt empezó derecho en Berkeley este año, y me acuerdo de que justo antes de embarcar me dijiste que cuando volvieras de la «Tormenta del Desierto» lo primero que harías sería acercarte hasta Berkeley para darle una patada en el culo a Kurt Donovan.

Recuerdo perfectamente que dijiste que ibas a atar a Kurt Donovan a un árbol del bosque con una cuerda especial de la Marina, y que le ibas a ir rompiendo los dientes uno por uno y luego le ibas a cortar los pies y a clavarle un cuchillo en la médula espinal para que se le quedaran las piernas paralizadas, pero primero, dijiste, antes de hacer todo eso, ibas a darle «una buena patada en todo el culo». ¿Te acuerdas? Me lo dijiste hace meses, antes de irte al CURSO DE LOS CUERPOS DE OPERACIONES ESPECIALES PARA EL ENTRENAMIENTO BÁSICO DE DEMOLICIÓN SUBACUÁTICA, en Coronado, y sabías que cuando terminaras el curso ya serías oficialmente un SEAL y que iban a enviarte al golfo Pérsico, porque eso es lo que te dijo el encargado de reclutamiento de la Marina cuando te habló de la posibilidad de inscribirte en el curso.

Y después de decir lo que le ibas a hacer a Kurt Donovan te tiraste al suelo y empezaste a hacer flexiones con un solo brazo, y cada vez que subías, gritabas:

—¿Quieres un poco, hijo de puta?

Y luego, al día siguiente, en la estación, justo antes de subirte al ómnibus que iba a llevarte al Centro de Guerra de Coronado, te pregunté si estabas nervioso por empezar con los BUDS,[2] porque yo en mi caso lo estaría, y tú me dijiste:

—Ya veremos qué le parece a Kurt Donovan tener que andar por Berkeley en silla de ruedas. Seguro que a las chicas de Berkeley no les gusta tanto ese proyecto de abogado sabiondo cuando lo vean paseando por la ciudad en su silla de ruedas. ¿Cuánto apuestas? Apuesta algo. Éste va a ser Kurt Donovan.

Entonces te pusiste en cuclillas y empezaste a mover los brazos adelante y atrás, tal como te imaginabas que haría Kurt Donovan cuando fuera en silla de ruedas.

Así que, como te he dicho, fue toda una sorpresa que Kurt estuviera en la puerta de casa, porque a mí me parecía que Kurt y tú no se llevaban muy bien, pero cuando se lo comenté me dijo:

—¿Pero de qué estás hablando? El pasado pasado está. Para serte sincero, yo ya no me acuerdo de nada.

Y entonces me dijo que no tenía ni idea de que tú aún estuvieras tan enojado con él por lo que te hizo cuando iban a cuarto y un día se puso un donut de chocolate en la pija, en la cantina del colegio, y te dijo que si no te lo comías, Dios haría que tu madre se volviera ciega, así que tú te comiste aquel donut de chocolate y vomitaste y todos los de la mesa de ustedes se echaron a reír. Kurt Donovan me dijo que eso había sido hacía un montón de tiempo y que lo pasado pasado está, y, como ya te he dicho, me dijo:

—Chad no sabía que yo estaba sólo haciéndome el tonto, y que si hice aquello del donut fue sólo porque en

---

2 Basic Underwater Demolition School, Escuela de Demolición Subacuática Básica, sección de los SEAL, Cuerpo de Marines. (*N. del t.*)

el fondo quería que Chad fuera mi amigo. Además —me dijo—, ayer mismo recibí una carta de Chad.

Yo le dije:

—¿Que recibiste una carta de Chad ayer? ¿En Berkeley? ¿Del Chad que está en la «Tormenta del Desierto» como SEAL de la Marina?

Y él me dijo:

—Sí, por eso he venido. En la carta me pedía que viniera hasta aquí para ver cómo andabas.

Entonces le comenté a Kurt lo raro que era todo, porque yo también acababa de recibir una carta tuya y estaba a punto de leerla.

Entonces Kurt me dijo:

—Vamos a leerla juntos.

Y los dos subimos aquí a mi habitación y leímos la carta, porque yo quería saber si había algo que a lo mejor tú no me habías escrito a mí y sí se lo habías contado a él, y yo sabía que si era así Kurt me lo diría, pero cuando terminamos me dijo que no, que decía básicamente lo mismo que en la suya.

Menos los poemas que me has enviado, claro, porque lloré un poco al empezar a leerlos y Kurt me preguntó si le dejaba que me leyera uno en voz alta, porque la verdad era que «son unos poemas extraordinarios», y me doy cuenta de que eso de estar en la «Tormenta del Desierto» te está haciendo pensar en la vida y el mundo de otra manera. Mi poema favorito es «Mar salado como las lágrimas». Me encanta cuando dices al principio que a veces, mientras navegas por las costas de Kuwait, te sientes «como un pirata», pero que tu único tesoro soy yo, Montana.

Bueno, que me imagino que ya debes de estar impaciente por saberlo, porque me lo has preguntado cien veces en la carta y la respuesta es sí, sí, sí, la semana pasada fui a ver a tu madre al hospital y al salir hablé con el doctor Wexley. El doctor Wexley me dijo:

—Oh, hola, Montana. —Y entonces me dijo:— Para serte totalmente sincero, Montana, la operación de la señora Hackett ha sido un desastre, y aunque hemos logrado realizar el trasplante de córnea con éxito, los análisis señalan que el cuerpo rechaza las córneas trasplantadas y tenía miedo de que cuando le quitaran los vendajes siguiera sin ver.

Yo le dije que a lo mejor eran córneas en malas condiciones.

El doctor Wexley suspiró y me aclaró:

—Esas córneas las hemos sacado del Banco de Ojos para la Recuperación de la Visión. No las hay mejores.

A lo que yo respondí:

—Pero ¿y el donante? A lo mejor estaba deprimido y se arruinó las córneas de tanto llorar.

Y entonces el doctor Wexley me respondió:

—Vamos, Montana, no seas ridícula. Ya sé que ahora estás disgustada. Pero lo único que puedes hacer es ser fuerte por el bien de la señora Hackett, aunque yo por el momento no voy a decirle nada. Durante la operación hubo complicaciones y aún está bastante cansada.

Así que lo que me contó el doctor Wexley me destrozó el corazón. Y más porque acababa de estar con tu madre, que me había contado que le habían crecido alas de esperanza en el corazón, que lo habían elevado, que las dos últimas noches, después de la operación, había tenido unos sueños de clarividencia en los que veía perfectamente. Dijo:

—Una visión de veinte sobre veinte.

Se refirió a aquellos sueños llamándolos «Premoniciones de Dicha».

—Creo que estas córneas nuevas —me dijo señalándose los vendajes que le cubrían los ojos— me permitirán no sólo ver el presente, sino también el futuro. Gracias a Dios que tengo un hijo tan amable y generoso, que es el que está haciendo posible todo esto.

Tu madre me dijo «imagínate lo hermoso que será ver una puesta de sol roja y naranja después de haber estado ciega diez años», y que cuando le quitaran el vendaje nunca volvería a dormir porque estaría demasiado ocupada viéndolo todo, y que tenía que recuperar el tiempo perdido. Me dijo que lo que más ganas tenía de ver eran las pequeñas cosas, una hoja, un pájaro volando. Y a su hijo cuando volviera de la «Tormenta del Desierto».

—Oigo todos los días lo que pasa por allí —me dijo, y señaló una radio.

Yo también, pero yo lo veo en la tele, con la esperanza de verte sólo un momento, aunque sé que es absurdo porque sé que la gracia de que estés allí es precisamente que nadie sepa que estás donde estás. Eres como una estrella de rock metido en una guerra, y cuando vuelvas quiero que me enseñes cómo funcionan esos aparatos de visión nocturna que me dijiste que usaste cuando estabas espiando los convoyes iraquíes de misiles durante los ataques aéreos. Pero sin grandes explosiones, ¿de acuerdo? ¿Y te acuerdas de que me dijiste que escoltaste a unos rangers en una zodiac para poder depositarlos en la playa? Bueno, pues también quiero que deposites algo en mis playas. Te creo cuando me dices que eres como el fantasma invisible de la justicia paseándose por toda la línea de la costa saudí, porque nadie como tú podría quedarse toda la noche metido hasta el cuello en esa agua fría y temible para poder ser el largo brazo de la ley estadounidense.

Y además, sé que habías estado rezando, Chad. Eso ha

sido también lo que me ha destrozado el corazón. No se lo he contado a tu madre ni al doctor Wexley, así que no tienes de qué preocuparte, pero sé que has estado rezando cada noche, allí, en Ras al Mishab, para que el trasplante de córnea de tu madre fuera todo un éxito. Y además, también acababa de leer tu poema «Esta oración por escrito # 26» en el que hablas de eso. Así que cuando el doctor Wexley me dijo que en pocas palabras la operación había sido un desastre, me puse a llorar cerca del mostrador de ingresos. De verdad, estaba destrozada. Y no sé qué es lo que pasó después, pero supongo que empecé a hiperventilarme, y supongo que metí la mano al otro lado del mostrador, agarré unas tijeras y me corté el pelo, porque al final tuvo que venir ese montón de enfermeras y llevarme a la rastra. Cuando me calmé, intenté irme del hospital, pero una enfermera me enseñó un papel que yo había firmado cuando estaba hiperventilando en el que decía que legalmente no me estaba permitido abandonar el centro, así que pasé la noche atada a la cama.

Creo que no te molestará lo que estoy a punto de decirte, pero si me equivoco, espera, por favor, a que te lo haya contado todo antes de enojarte. Hace un par de minutos tenía la pija de Kurt Donovan en la boca. Por favor, no te pongas ahora como un loco porque haya tenido la pija de Kurt Donovan en la boca, al menos no hasta que hayas terminado de leer esta carta, porque cuando termines de leerla te darás cuenta de que te quiero con toda mi alma y de que lo que estoy haciendo lo hago por nosotros, y, además, como mínimo, quiero que sepas que estoy siendo completamente sincera contigo, que es lo que, cuando me llamaste desde el Centro de Guerra, justo antes de irte al golfo Pérsico, acordamos que era lo más importante del mundo.

¿Te acuerdas, Chad, de lo que me dijiste por teléfono?:
—Montana, eres la chica más bonita del mundo, y yo me siento el tipo con más suerte, y te juro que quiero pasar el resto de mi vida contigo. Pero esto va a ser duro para los dos. Esto de que yo me vaya a Oriente Medio va a ser duro para los dos. Y la única manera de superarlo es siendo totalmente sinceros el uno con el otro.

Así que yo ahora estoy siendo totalmente sincera contigo, y el motivo por el que le hice una mamada a Kurt Donovan es porque quería sentirme lo más cerca posible de ti, quería sentir que estabas aquí conmigo, te extraño tanto, amor mío.

La verdad es que fue idea de Kurt, pero debo admitir que cuando me lo explicó bien, a mí me pareció que la cosa tenía su lógica. Me dijo que para él sería como una actuación. Me dijo que él haría el papel de Chad Hackett, para que yo pudiera sentirme muy cerca de ti. Te confieso que la idea de estar tan cerca de ti me excitó bastante, así que le dije, está bien, Kurt, vamos a sacarte ese bulto de los pantalones, pero antes quedamos en que sólo me metería la pija en la boca y se la chuparía si le prometía estar pensando en ti todo el rato. Yo se lo prometí, y quiero que sepas que estaba pensando en ti hace sólo unos minutos; que cuando hacía como si tuviera la pija de Kurt en la boca en realidad era tu pija la que tenía en la boca. Tenía tu sabor en la boca, qué bueno ha sido, cariño. Es así; en mi mente, la pija de Kurt ni siquiera existe, y para mí, el que tiene la pija más grande del mundo eres tú.

Quiero que tengas cuidado por ahí y que te cuides, Chad. Lo de ustedes tomando el sitio ese y plantando una bandera ha sido increíble. Pero también me daba miedo cuando me describías eso de las minas de agua que flotaban por todas partes, y debajo del agua también, y que tú al principio creías que eran tortugas. La parte que me ha dado más miedo ha sido esa en la que cuentas que te pusiste a bucear y te encontraste con ese soldado iraquí muerto, clavado a una alambrada, y que le faltaban trozos de pierna, como si algo se los hubiese comido. No sé por qué tuviste que levantarle la máscara y mirarle la cara, porque la cara de un muerto no es nada agradable de ver.

Una cosa que me preocupaba era que la operación hubiera afectado a tu madre en el cerebro. Me parecía que tal vez con eso que le habían hecho en los ojos se le habían cruzado los cables, porque empezó a llamarme Abby. Me decía:

—Qué *brownies* tan buenos, Abby. ¿Cómo está el bebé, Abby? Me alegro tanto por ti, Abby.

Y, claro, a mí me daba tanta pena verla allí sentada con aquellos vendajes en la cabeza, y además ahora con aquellas lesiones cerebrales y todo, que la verdad no me atrevía a corregirla. Yo, con la boquita bien cerrada. Me decía a mí misma: «La señora Hackett ya ha tenido bastantes penas en esta vida. Así que, Montana, no tienes por qué ser tú quien le diga que además tiene una lesión cerebral. La boquita cerrada, Montana».

Seguro que Dios nos está escuchando, Chad, así que yo no perdería la esperanza todavía, y te prometí que no le contaría a nadie que tu madre está ciega, y he cumplido mi promesa; y si ahora te hablo del tema es sólo para recordarte que tú dijiste que si Dios te hizo caso una vez, también te haría caso dos veces. Eso lo dijiste tú, no lo digo yo. Lo dijiste mientras estabas allí de pie, envuelto en todas aquellas carcajadas, que te dabas cuenta de que odiabas a tu madre porque por culpa suya tú te habías comido el donut. Odiabas a tu madre por lo mucho que querías a tu madre. Y me dijiste que aquella noche tu madre empezó a gritarte que por qué había tenido que ser ella la madre que, en el trabajo, había recibido la llamada del director del colegio de su hijo. Te zarandeó y te gritó:

—¿Por qué, por qué, por qué?

Y tú no pudiste contarle que habías vomitado porque intentabas protegerla, porque tu padre no estaba allí para hacerlo porque estaba muerto, porque había pisado una mina en Da Nang, Vietnam, y estaban los dos solos, indefensos, en aquel miserable departamento, así que en aquel momento y en aquel lugar tomaste la decisión de odiarla con todas tus fuerzas.

Y aquella noche le rezaste a Dios. Espero que no te resulte demasiado doloroso que esté volviendo a sacar estos temas, pero me dijiste que aquella noche le pediste a Dios que te ayudara, porque me dijiste que tenías el alma muy perturbada y que necesitabas Su ayuda. Rezaste tal como te habían enseñado en la iglesia. No eras más que un niño y te pusiste de rodillas y le pediste a Dios que hiciera que tu madre se quedara ciega.

Pero eras sólo un niño, así que no tendrías que sentirte culpable porque, ¿cómo ibas a saber tú que tu madre se despertaría y te pediría que llamaras al médico porque no veía, y que más tarde, aquel mismo día, un oftalmólogo le diría que tenía una distrofia endotélica congénita de tipo hereditario?, porque, ¿cuánta gente ha oído hablar siquiera de la distrofia endotélica congénita de tipo hereditario, y más cuando nadie en la familia la ha tenido antes?

Me alegro de que estuvieras pensando en mí y le pidieras a Kurt Donovan que viniera a casa a ver cómo estaba, porque no es que quiera que te preocupes mientras estás tan ocupado preparándote para irrumpir en las playas de Kuwait, pero la verdad es que me he sentido bastante deprimida y no quería decirte la verdad. Si no te cuento las cosas es porque no quiero preocuparte. Pero ahora ya me siento mucho mejor que en los días pasados, en realidad debo decir que es el día en que me siento mejor después de lo del incidente en el hospital.

Antes, cuando te conté que me corté todo el pelo, supongo que estaba mintiendo. Porque en realidad el pelo que corté era el de Abby. Seguramente a ti te sorprenderá tanto como a mí oírlo. Era la primera vez que oía mencionar su nombre y entonces va y aparece en la puerta de la habitación de tu madre y dice:

—Hola, señora Hackett.

Entonces yo me doy cuenta de la confusión de tu madre y entonces veo lo gorda que está, que lleva dentro un bebé, y entonces, bueno, ato algunos cabos, Chad, y se me cruzan los cables y le corto todo el pelo, o al menos todo el que pude antes de que viniera la enfermera y nos separara. Habías estado saliendo con dos a la vez, Chad Hackett. Llevamos juntos cerca de un año y resulta que me entero de que me has engañado y resulta que le has hecho un hijo a la puta esa de Abby.

Kurt me dice que te diga que se siente como un SEAL. «Oh, sí, me siento como un SEAL de la marina.» Kurt me pregunta que qué se siente al tener a un SEAL de la Marina en la boca. Kurt me estaba diciendo hace un momento «¡Oh! Dios, Montana, así, así, nena». Y entonces me di cuenta de que Kurt estaba a punto de terminar. También supe que era mentira que hubiera recibido una carta tuya, Chad. Sólo quiero que sepas que en este momento estoy siendo totalmente sincera contigo. Sabía perfectamente qué pretendía Kurt cuando me dijo que había recibido una carta tuya.

Mi primera reacción fue querer ir hasta Ras al Mishab y matarte yo misma. Ni me atrevo a contarte todas las cosas que pensé en hacerte, pero cuanto más pensaba, más cuenta me daba de lo triste que ha sido tu vida. Sé que las cosas no han sido fáciles, que tu madre y tú han tenido que ir tirando como han podido con su pensión por invalidez, y entonces empecé a sentir lástima de ti, y entonces me enojé muchísimo conmigo misma por sentir lástima de ti, después de todo lo que me has hecho, y le arranqué la cabeza al osito Teddy y le pegué a Rags con el cinturón.

Supongo que todo el dolor de este mundo tiene que haberte vuelto loco de la cabeza, Chad. Debes de haber perdido el juicio; seguramente no sabías ni lo que hacías de tan loco como estabas. Así que te perdono, Chad Hackett. Porque ahora estamos en paz, y todo está bien entre los dos, y quiero que sepas que te he perdonado.

Pero hay una última cosa que quiero decirte, aunque espero que en realidad no haga falta. Ni se te ocurra pensar en hacerme daño a través de Dios mientras estás allí en Arabia Saudí. Te conozco y sé que cuando recibas esta carta podrías enojarte y hacer algo que tal vez más tarde lamentaras, como por ejemplo pedirle a Dios que me hiciera algo terrible, como dejarme ciega. Te advierto de que no te molestes en ponerte en contacto con Dios, porque ya me adelanté y le recé mis oraciones.

Le he pedido a Dios que me proteja, le he dicho que soy una chica joven, sola e indefensa en el mundo, que mi novio Chad Hackett me ha roto el corazón y me ha engañado con otra, y le he dicho a Dios que si un tal Chad Hackett de San Francisco le pide que me haga algo horrible, entonces debería hacerle a ese Chad Hackett lo mismo que él le pide que me haga a mí. Así que, Chad, si le pides que me deje ciega, en vez de dejarme ciega a mí te dejará ciego a ti. Allí mismo, en el golfo Pérsico. Ha sido una oración tipo «espejo de rebote», así que por favor no te pases, porque a Dios le caen mejor las mujeres y yo soy mujer, Chad. Así aprenderás a no tomarle el pelo a una mujer, Chad.

Si no me crees, adivina entonces por qué apareció Kurt Donovan en la puerta de mi casa. Pues porque hace tres noches recé a Dios para pedirle que me enviara a Kurt Donovan desde Berkeley hasta mi casa y poder equilibrar la balanza. Me puse de rodillas y dije:

—Tengo que equilibrar la balanza, y, Dios, tú eres el único que puede ayudarme. ¿Puedes, Dios mío, enviarme a Kurt Donovan a casa dentro de tres días, porque aunque no deseo hacer lo que voy a hacer, tengo que asegurarme de que Chad y yo estemos en paz?

Y ése es otro motivo por el que no deberías perder las esperanzas con lo de las nuevas córneas de tu madre, y por el que deberías aceptar las cosas como son, porque Dios sí escucha y las cosas podrían ser mucho peores y te quiero. Todo saldrá bien, ya lo verás, y lograremos superar todo esto, y cuando termines eso que estás haciendo en el golfo Pérsico vente directamente a casa y te juro que ya se me habrá ocurrido la manera de robarle ese bebé a Abby, y podremos empezar a ser una familia. Mientras tanto, empezaré a firmar con un «señora Hackett», y pensaré en ti y desearé que estés sano y salvo allí en el golfo Pérsico. Te extraño mucho y te quiero muchísimo.

Besos y abrazos sin fin,

MONTANA

Notas desde un búnker
de la Autopista 8

Sé que esto va a parecer poco original, al menos a toda esa gente indignada y cínica que hay por el mundo, pero que se vayan a la mierda, porque se puede decir que, en medio de todo lo que ha pasado con esta guerra de mierda, el yoga, y el profundo estado de concentración que alcanzo a través del yoga, me han salvado la vida. Reconozco que a lo mejor me he hecho un poco adicto, pero según Dithers estoy loco de atar y el yoga no va a salvarme de que me atrapen y me metan en las mazmorras. Dithers dice que a mí me gusta tanto el yoga porque tengo un padre marica. Hace poco, Dithers me gritó:

—H. G., ya sabes que nos van a encontrar. Ya sabes que los hombres del capitán nos están buscando en este momento. Es sólo cuestión de tiempo. Y cuando nos encuentren, me voy a partir el culo de risa a tu costa.

Yo en ese momento estaba en la postura de la Ancha Galaxia, con los ojos cerrados, y fingí que no lo oía.

—Sé que me oyes, H. G.

La Ancha Galaxia es mi postura favorita, y me gusta acabar con ella cualquier secuencia. Levanto las palmas de las manos hacia el cielo, que en este caso es sólo el techo de cemento de este búnker, permitiendo que mis «manos se conviertan en ojos», y aspiro victorioso reteniendo el aire, 1-2-3, y espirando, 1-2-3-4, y tras quince minutos en la Ancha Galaxia, mi mente se encuentra muy arriba, en el vacío, y yo me siento totalmente inundado de alegría, agradecido por la existencia de todos y cada uno de los átomos del universo.

—Eh, H. G.; eh, maestro zen. Si lo que buscas es amor, aquí está tu hombre. Ven a buscarme.

Abrí los ojos, parpadeé, fui hasta el extremo más alejado del búnker y, con mi pala, me puse a golpear los tablones de madera de la jaula de Dithers. Los chimpancés irrumpieron en un coro de chillidos y empezaron a dar sacudidas a los tablones de sus jaulas, lo que acabó de desconcentrarme. Ya no había manera de volver a meter la cabeza en el vacío. Así que opté por ignorar las carcajadas de Dithers, me alejé por el pasillo, y, abriendo la escotilla, salí del búnker. Fui a dar un paseo por el desierto en aquella noche fresca, y allí me reprendí mentalmente por dejar que Dithers anulara lo mejor de mí.

Pero será mejor que me explique: yo, por naturaleza, no soy violento; bueno, ya no. Creo en la santidad de todo el mundo. Y sólo debo lealtad a la Vida, ese caleidoscopio dorado que gira en círculos, llena de esos fragmentos de magia y de belleza. Aquí, en mi búnker subterráneo, que es desde donde escribo esto, y que los soldados iraquíes abandonaron mucho antes de que yo apareciera en escena, saludo a la Vida cada día con todas mis fuerzas, y, más allá de la escotilla de acero del búnker, a unos cincuenta metros en dirección sur, se encuentra la Autopista 8, que es la vía principal que une Basora con Bagdad. Y es en esa autopista donde los que se mueren de hambre, los desposeídos, los civiles iraquíes cansados de la guerra, las madres que llevan en brazos a sus bebés muertos, los huérfanos con una pierna amputada, las caravanas enteras de familias con las caras desencajadas por haber presenciado la demolición catastrófica de sus casas y sus pueblos, los soldados iraquíes en retirada —no la diabólica Guardia Republicana, sino los chicos asustados y los viejos a los que su malvado dictador ha obligado a alistarse—, los cientos de tanques carbonizados y de coches chamuscados, se alinean, y también en las zanjas que corren paralelas a ella, y unas lenguas de fuego inmóviles y uniformes lamen el cielo, y el tufo repugnante de la carne humana quemándose impregna el aire, como una especie de olor permanente a asado dominguero. En esta autopista apocalíptica, todos hacen su peregrinación a pie hasta la supuesta seguridad de Bagdad, a donde es muy posible que, después de todo, se les prohíba el acceso.

Bueno, hay quien me llamará criminal, traidor, o incluso algo peor, porque he desertado de mis hermanos los Boinas Verdes y de mi país, pero están locos, porque ahora yo sé que la ley más alta que existe es la del corazón. Y he descubierto que si vuelvo un oído a mi interior y escucho con mucha atención, siento que el corazón me habla cada día en voz más alta.

Así que ahí estaba yo aquella noche, paseando y amargándome por lo de Dithers, cuando me tropecé con una mujer mayor iraquí, muy amable, que se arrastraba por la zanja que corre paralela a la autopista. Era mi primera paciente de la noche, y el corazón se me aceleró. Me quité la mochila y abrí el botiquín. Me arrodillé y le entablillé la pierna. Empezó a decirme algo, pero le indiqué que se callara. Le limpié la zona infectada de la pantorrilla y le saqué unos gusanos con las pinzas. Le apliqué un ungüento que sabía que picaba mucho. Y fue entonces, mientras le limpiaba la pierna y le veía las lágrimas de gratitud que le asomaban a los ojos, fue entonces cuando hallé la paz mental que me había rehuido en el búnker.

De mi búsqueda de misiles y de cómo ayudé a evitar una guerra atómica

No importa quién seas. En algún momento te va a pasar y no sabrás de dónde te viene, y tu vida cambiará de un día para otro radicalmente, para siempre. Un relámpago rasga el aire, las nubes se abren y ves un brazo musculoso que se adelanta: el Gran Señor del Cielo te entrega La Carta. Bueno, pues a mí me tocó el comodín. Y es gracioso porque, una vez que te das cuenta de que con comodín y todo pierdes la partida, te preguntas para qué te habrá tocado. Eso fue lo que me pasó a mí, aunque, incluso ahora, si echo la vista atrás, no me parece que hubiera ningún indicio de lo que la noche iba a depararme. Así es como empezó: nuestro equipo estaba patrullando cerca de Al Haqlaniya, a orillas del Éufrates. Yo iba al volante del Land Rover, y Marty escrutaba los alrededores con sus prismáticos térmicos de visión nocturna. Nuestra misión consistía en detectar y destruir misiles SCUD en territorio iraquí. Y, si me lo permiten, les diré que un SCUD es casi tan peligroso como una escopeta de aire comprimido, aunque mucho menos preciso. Carecen de sistema de guía, por lo que los iraquíes apuntan con ellos en la dirección aproximada que desean y ya está: ahí te lanzan un mortífero SCUD. Claro que nuestros misiles Patriot, que nos han costado tropecientos millones por cortesía de ese genio llamado Reagan, son igual de ridículos; porque cuando un SCUD empieza a caer se desmonta en miles de pequeñas piezas de metal, y entonces, cuando nosotros lanzamos un Patriot, se pone a seguir a una sola de esas piezas, y los muy imbéciles aseguran que han derribado un SCUD. Lo pasan por la CNN y todos, en casa, se ponen a agitar sus banderas, y todo empieza a parecerse a uno de esos combates arreglados de lucha profesional.

—Eh —dijo Marty—, ¿qué pasa con ese detalle de mierda?

—Estás evitando una guerra atómica —dijo Dithers—, así que deja ya la mala leche. Todo esto podrás contárselo a tus nietos.

Aquélla era nuestra broma privada. Lo de la guerra atómica. Hacía un mes, el 14 de enero, unos diez o doce SCUD habían alcanzado Tel Aviv y Haifa. Y acto seguido el primer ministro israelí, Shamir, había ordenado apuntar sus misiles, cargados con cabezas nucleares, hacia Iraq. Los saudís habían dejado claro que si Israel se metía en la «Tormenta del Desierto», modificarían sus alianzas. Bush convenció a Shamir para que pospusiera el inicio de la guerra atómica enviando a sus mejores hombres, los Boinas Verdes, más allá de las líneas iraquíes, con el único propósito de destruir los SCUD.

—Eh, tú —dijo Marty señalando con el dedo—. ¿Qué es eso? Me parece que podrían ser SCUD.

Nos dimos vuelta y vimos a un estoico pastor rodeado de un rebaño enorme de ovejas. El pastor, disgustado, blandió su bastón contra nosotros. Era beduino, y esos tipos nos odiaban a muerte. Eran los gitanos del desierto, los practicantes de la magia negra.

Todos empezamos a abuchear al pastor.

—Sí —dijo Dithers—, parecen unos SCUD muy amenazadores. Será mejor que pidamos refuerzos.

Nuestro cinismo estaba en su punto álgido. Pave Low nos había destinado hacía ya tres semanas, y aparte de un par de escaramuzas con algunos torpes soldados iraquíes, todavía no había empezado la acción. Y no habíamos encontrado ni un solo SCUD. Cada dos días venía un Black-Hawk MH-60 a traernos provisiones y a entregarnos el correo. Hacía mucho frío, con esas tormentas de arena, *Shamals*, creo que se llaman, y nos pasábamos las noches patrullando en el Land Rover, y luego de día nos escondíamos y cazábamos chimpancés.

Giré el volante y dije:

—Agárrense fuerte, caballeros.

Y empecé a hacer círculos alrededor de las ovejas, que estaban aterrorizadas, balaban y se movían de un lado a otro. Algunas tropezaban y se caían de boca y otras las pisaban. Entonces oí un disparo y Marty dijo:

—Mierda.

Me di vuelta y vi una mancha de sangre en el hombro de Marty. Pero no había tiempo; otro disparo y estalló la rueda delantera derecha, y en una nebulosa luché con el volante mientras el Land Rover se levantaba y se ladeaba. Me bajé y apunté con mi Beretta al pastor, que a su vez nos apuntaba con un rifle. Entonces, y eso es algo que no había visto nunca, siete u ocho ovejas se pusieron de pie sobre las patas traseras, se quitaron los abrigos de lana y vi que en realidad eran soldados iraquíes con sus AK-47-S. Una ráfaga de ametralladora levantó la tierra junto a nuestras posiciones, impactó en el Land Rover con un tink-tink-tink y yo me tiré al suelo y emití por radio la petición de refuerzos.

Algunos nos escabullimos por entre la humareda y llegamos al otro lado de una pequeña duna. Díaz llamaba a nuestros coordinadores para que enviaran ayuda aérea. Oí un zumbido y vi a un equipo de operaciones especiales que se acercaba por detrás con sus motos. Yo disparaba ráfagas sin parar con mi Heckler, y Dithers, a mi lado, lanzaba disparos espaciados con su SAW. Del arma de Dithers salía una voluta de humo.

—¡El cañón se te está desintegrando!

Y en ese momento fue cuando vi que la luz de la luna caía sobre la arena frente a mí, y fue entonces cuando Dithers soltó un alarido ensordecedor. Me di vuelta justo a tiempo para ver a un soldado iraquí que se abalanzaba sobre mí y me acercaba al pecho una bayoneta estilo Segunda Guerra Mundial, manchada de la sangre de Dithers. El brazo de Dithers estaba cortado de cuajo sobre la arena, y la mano aún sostenía el cañón que había intentado cambiar.

Hubo un zumbido como de sierra de cadena y un soldado de operaciones especiales con traje negro se abalanzó sobre el iraquí con la moto y lo echó a la arena, justo a mi lado. El iraquí parecía una gallina mareada y se movía a un lado y a otro como si tuviera seriamente dañada alguna parte del cerebro. Miré a Dithers y vi que una flor roja de sangre había empezado a brotarle del agujero del hombro en el que ya no estaba el brazo.

—Dios mío, Dios mío —gritaba—. ¡No siento las piernas! ¡Dios mío, tengo tanto frío! ¡Tengo tanto frío!

Había sangre por todas partes, sangre sobre Dithers, sangre sobre la arena.

—¡Aguanta, colega! ¡Tranquilo! ¡Estás bien! ¡Tranquilízate, Dithers!

De mi visión de George Washington y de la epifanía resultante

Entonces, y no sé por qué lo hice, alcé la vista una fracción de segundo y vi a George Washington allí mismo, en medio de todo aquel humo y aquel caos. No llevaba camisa y estaba sentado en una bañera de madera, llena de agua caliente, con los brazos alrededor de dos rubias en biquini. Sobre el pecho tenía un mechón de pelo púbico blanco y rizado. Al borde de la bañera vi que había un burrito a medio comer. George tenía la cabeza echada hacia atrás y se reía a carcajadas, y la luna brillaba en sus enormes dientes de marfil, pero de pronto se quedó quieto, me miró, se le iluminó la cara, y me dijo:

—Por fin. He estado buscándote por todas partes, H. G. —Me sonrió—. Ven —dijo, haciéndome un gesto para que me acercara, tipo mafioso—. Debes de estar cansado. Ven a cosechar alguna recompensa a todas tus fatigas en el campo de batalla, hijo mío. Éstas son Carrie y Belinda.

Las chicas dejaron escapar unas tímidas risitas. Washington tomó una manzana y la levantó.

—Vamos a jugar a pescar manzanas con la boca. ¿Qué te parece? ¿Quieres pescar manzanas con la boca? Me iría bien que me ayudaras, hijo, porque no creo que pueda yo solo, no sé si me explico —dijo guiñándome un ojo y levantando los brazos por detrás de las chicas, en un gesto expansivo.

Justo en ese momento apareció un afronorteamericano con una bandeja en la que había tres copas de plata, y dijo:

—Mi amo, ¿desean ya sus bebidas?

Dithers gritó. Yo miré hacia abajo y, al volver a alzar la vista, George Washington ya no estaba. Y fue entonces cuando el peso de todo —el sinsentido de la guerra, la absurdidad de Norteamérica y de sus ideales, su historia sangrienta de opresión, su machista certeza cristiana— acabó inundándome la mente como un gran rayo blanco de luz líquida. Pero ¿qué carajo estoy haciendo aquí?, me pregunté. ¿Cómo puedo estar defendiendo a un país que masacró a toda la raza nativa de Norteamérica, a una civilización más antigua y más majestuosa de lo que la nuestra será jamás? ¿A un país tan jodido que sus ciudadanos se mataron los unos a los otros para mantener el derecho inalienable de atar con cadenas a los afronorteamericanos? ¿Dónde cabe la palabra «amor» en medio de todo esto? Entonces me respondí a mí mismo: «Tú sí que eres tonto».

Así que en aquel momento, en aquel lugar, con la firme determinación de un hombre al que le han quitado las vendas de los ojos tras vagar durante mucho tiempo en la más completa oscuridad, miré a Dithers, que para entonces ya se había desmayado, y empecé a caminar. Marty, apretando el gatillo de la pistola con desesperación, me gritó:

—H. G., ¿qué estás haciendo?

Habría unos veinte iraquíes que abrían fuego y se acercaban a nuestras posiciones corriendo y levantando mucho polvo. El paisaje estaba plagado de ovejas muertas que parecían nubes. Yo oía gritos, armas disparando, motos, ovejas balando, pero en cierto sentido ya parecía estar muy lejos. Seguí andando, aceleré el paso, y volví la cabeza. Marty volvió a gritar:

—¡Eh, H. G., carajo, vuelve, imbécil! ¿Qué estás haciendo?

Ahora Marty se había puesto de pie y seguía disparando. Cargué a Dithers sobre los hombros y empecé a correr, sin dejar de volver la cabeza para mirar a Marty. Mientras él me miraba, un iraquí volador le cayó encima y al momento se enzarzaron en una conmoción de arena hasta que la muerte jugó sus cartas. Y entonces, con Dithers colgado sobre mis hombros, huí para salvar la vida, hacia el sur, con el corazón en la garganta, lejos de la lucha y del caos, dejando tras de mí, para siempre, el brazo de Dithers y la boina verde.

De mi padre, héroe de Vietnam que ahora lee a Chomsky, y de su siempre vigilante protesta antibélica

Todos los Boinas Verdes han oído hablar de mi padre. Es un miembro distinguido de los Boinas Verdes condecorado con una medalla de honor de Vietnam, y su nombre aparece en el Paseo de la Fama del Centro de Entrenamiento de las Fuerzas Especiales de Fayetteville. Al igual que otros veteranos de Vietnam, papá nunca hablaba de la guerra. Cuando yo le preguntaba algo, siempre me mandaba callar. Y cuando empezó la «Tormenta del Desierto» y nos reclutaron, mi padre escribió una carta a mi comandante, el capitán Larthrop, en la que le decía que, en calidad de antiguo Boina Verde, se oponía fervientemente a la participación estadounidense en la «Tormenta del Desierto». Citaba el famoso ensayo de Noam Chomsky, *La bandera invisible*, en el que, según parece, afirma, entre otras cosas, que la bandera invisible «ondea para toda la humanidad». Y mi padre escribió a Larthrop que no podía quedarse sentado sin hacer nada mientras a los jóvenes de los Estados Unidos los machacaban en otro lodazal como el de Vietnam, en otra «intervención», por lo que, como acto de protesta —tiene un sentido del humor muy retorcido— había decidido salir del armario y hacerse gay. Me escribió una carta en la que me lo explicaba todo. Me informaba que tenía un amante, un abogado criminalista de cuarenta y seis años que se llamaba Rob y a quien había conocido en su clase de yoga. En el mismo sitio al que íbamos juntos a hacer yoga cuando yo era pequeño. Me sentí traicionado. Me dijo que Rob había sido abiertamente gay toda su vida, y que estaba siendo un gran apoyo para él durante aquel período de transición. Toda la carta estaba llena de Rob esto y Rob aquello y Rob lo de más allá, como si esperara que yo tuviera que alegrarme o algo así.

Le contesté la carta. Muchas veces. Le rogaba que reconsiderara su posición. Empleaba el argumento lógico que más se adecuaba a mis razonamientos en cada caso. Le dije que, en primer lugar, y lo más importante, lo que estaba haciendo era una afrenta a la comunidad homosexual, y que debía ir con cuidado con las implicaciones de sus métodos de protesta. Le adjunté artículos de la revista *Science* en los que se explicaba que los gays no podían escoger su orientación sexual más que los heterosexuales, que era una cuestión genética. Él, en otra carta, me informó que acababa de enviar una nota a la oficina de Jesse Helms en la que le sugería que el Estado de Carolina del Norte presentara una moción para legalizar los matrimonios entre homosexuales. Decía:

—Tal vez me esté precipitando un poco, pero no había sido tan feliz en mi vida.

Yo le envié un artículo del *Times* en el que se hablaba de las combativas milicias furtivas de la organización gay MCP (Mejor Control de la Población), y le pedí que vigilara, porque seguro que no les gustaría nada ese tono burlón con el que se refería a su orientación sexual. Él, a su vez, me envió la foto a todo color de un hombre de ojos azules, desnudo, sobre una roca porosa de alguna playa de Jamaica, recortada de una revista llamada *Out*, a la que, de su puño y letra, había añadido: «Éste es un país libre, ¿no?», y había dibujado una cara sonriente.

Aquella última carta fue la más descorazonadora, y ya no volví a escribirle. Supongo, además, que imaginé que al final se iría, pero mi padre llamó al *Raleigh News* y al *Observer* y la noticia se publicó. La historia fue haciéndose más grande y empezaron a dedicarle mucho espacio en los medios. Un soldado de Vietnam condecorado, que había pertenecido a las Fuerzas Especiales, que tenía la Medalla de Honor, anunciaba que, como acto de protesta, sería gay hasta que todos los chicos estuvieran de nuevo en casa, sanos y salvos. Lo invitaron a todos los programas de televisión y de radio, a los de izquierda y a los de derecha. A él no le importaba; lo que él quería era hacer llegar su mensaje. Rush Limbaugh pasó un día de campo con él y se los llevó a él y a Rob a su programa de televisión para hacerles una entrevista. Yo no lo vi, pero Dithers sí. Dithers me dijo que el título del programa era «Héroe estadounidense "cambia de bando" por la paz».

Mi padre tiene bastante sentido del humor, así que estuvo sonriendo durante todo el programa, y contó chistes, y el público, bastante agresivo, no dejó de reír. Eso fue lo que me dijo Dithers. A listo, a mi padre no le gana nadie.

Del peligroso coma de Dithers y del descubrimiento accidental del búnker

Con Dithers así colgado sobre la espalda huí a toda prisa en dirección sur, siguiendo la orilla espumosa del Éufrates. Corrí durante horas, sin detenerme a pensar en la magnitud de lo que acababa de hacer, porque supongo que tenía miedo de que, al hacerlo, me flaqueara la moral y me diera media vuelta. El aire frío de la noche cruzaba el agua y se me metía en los huesos, y en el caos de mi mente esperé que me levantara como a un barrilete y me transportara a una tierra lejos, lejos de allí. Dithers había entrado en un coma peligroso, y yo me detenía de vez en cuando a limpiarle la herida con agua, y luego se la tapaba lo mejor que podía con una camiseta. Después había que seguir avanzando. Me guiaba la estrella polar. De esos momentos no recuerdo gran cosa. Recuerdo una roca bajo la que acampé, a la orilla del río, y recuerdo que Dithers se despertó en cierto momento y gritó:

—¡Ayuda! —Y volvió a perder el conocimiento.

Ya estaba bien avanzada la segunda noche cuando, a lo lejos, vi la gran autopista asfaltada, con los fuegos que ardían a ambos lados. Cuando llegué a la banquina me faltaba el aire. Oí a alguien gritar en árabe, y el destello de un proyectil iluminó el esqueleto de un ómnibus bombardeado.

—Alto —grité—. *Salaam aleikum* —que es lo único que sé en árabe, y que significa «la paz esté contigo».

Entonces vi miles de destellos y la arena bajo mis pies empezó a saltar, y se me hacía muy difícil ver algo. Dentro de mí no quedaba ningún afán de lucha, así que me resigné a que pasara lo que tuviera que pasar. En cierto modo, aquella desesperación fue la que me dio el valor. Sabía que nada me haría daño mientras cruzaba hasta el otro lado de aquella autopista de seis carriles, en medio del frenesí del fuego enemigo, es decir nada menos una bala perdida que se llevó más de medio centímetro de mi rótula. El dolor me subió por la columna vertebral y allí estalló, y el cerebro se reblandeció con el shock y el miedo. Aún ahora voy un poco cojo. Me caí de cara sobre la arena y usé a Dithers para parar el golpe. Me sostuve sobre una rodilla y lo arrastré como pude hasta la protección que brindaban dos enormes piedras. Entonces fue cuando vi el metal sobre la arena. Uno de los iraquíes hacía sonar un silbato con gran estridencia, y había gritos, y oí que venían varios hombres en dirección a mí. Tiré de la escotilla de acero y metí primero a Dithers y luego salté yo, tirando otra vez de la escotilla para cerrarla. La caída era de unos tres metros, y Dithers y yo nos lanzamos sobre una especie de montículo que había en el suelo. Sólo más tarde descubrí la escalera de acero atada a la pared. Oí a los soldados que gritaban por encima de nosotros. Contuve la respiración, asustado, y noté que el corazón llamaba a la puerta de mi caja torácica. Vi el blanco níveo de la rótula allí donde la bala se había llevado un trozo de piel y me mareé. Al final los soldados que teníamos encima se fueron. Sólo entonces me di cuenta del hedor apestoso del lugar. De lo que parecía ser el centro de la tierra emergían unos chirridos. Con Dithers en brazos, como dos recién casados a punto de entrar en casa, crucé con cautela por aquella entrada, enfocando con la linterna las paredes de cemento.

De los chimpancés que ya estaban aquí antes que nosotros

Algo peludo me cayó en la cabeza al cruzar el umbral y oí una cacofonía de chillidos que me reverberaron en el cráneo, amenazando con partírmelo por la mitad. Visualicé el polvillo en que se había convertido mi cerebro, derramándose. Dithers se me escurrió de los brazos y noté que unas manos como de cuero me palmeaban y tiraban de mí. En medio de aquella conmoción, logré encender una bengala de mi chaqueta de supervivencia y entonces me puse de pie de un brinco y ahuyenté a mis atacantes, y en la espesa penumbra vi a varios chimpancés que me chillaban y agitaban los puños sobre la cabeza. Sus ojos amarillos estaban llenos de odio. Como los demás, yo también había visto los panfletos de propaganda que lanzaba la aviación iraquí y en los que aparecía la imagen de King Kong comiéndose las cabezas de unos soldados estadounidenses aterrorizados, pero nunca imaginé que hubiera nada de verdad en ellos. Vi a Dithers en el suelo, inmóvil, hecho un amasijo de carne. Tenía la frente pálida y empapada en sudor. El hombro era un horror de carne roja, y me di cuenta de que podía estar muerto.

—¡Largo de aquí ahora mismo! —grité, mientras blandía la bengala de un lado a otro y lograba que los chimpancés retrocedieran hasta el fondo del búnker.

Parecía que lo hubieran abandonado a toda velocidad. Más tarde, cuando encontré el interruptor, también descubrí las jaulas de pino y supuse que los chimpancés debían de haberse escapado después de que los iraquíes se fueran. Pegada a la pared sur había una gigantesca mesa metálica, llena de papeles y libritos que no entendía, pero que, por los dibujos, parecían describir la fabricación de armas químicas. Y también estaba lo del combate cuerpo a cuerpo, y un diccionario inglés de 1964. En el armario encontré una caja grande con raciones de comida de supervivencia, y un alijo enorme de armas, aunque no había munición. RPG, AK-47, M-16... de todo. En la pared norte había una zona de baño con su inodoro y su lavamanos. Y del techo colgaban un par de bombillas. Y, como ya he dicho, las jaulas, ocho en total, estaban apiladas una encima de la otra y pegadas a la pared este.

DE CÓMO PASÉ A SER CONOCIDO COMO H. G.

Fue en Fort Bragg, Carolina del Norte. Estábamos entrenándonos en rescate de rehenes. Mi equipo entró rompiendo las ventanas del tercer piso y yo me tiré al suelo, cubriéndome con mi 9 mm, mientras Dithers empezaba a avanzar con Marty para inspeccionar los dormitorios, el baño y el lavadero. Un robot al que llamábamos Papá salió de la cocina gritando:

—¡Ayúdenme, ayúdenme, tienen a mi hijo!

En la pared apareció el holograma tridimensional de un pastor alemán. El perro empezó a ladrarme y a enseñarme los dientes, amenazando con hacer fracasar nuestra misión, así que le volé la cabeza con mi 9 mm, y la sangre sintética salpicó por todas partes. Visualmente, estaba logradísimo. De un salto me acerqué a Papá y empecé a recitarle mis frases:

—Señor, estamos aquí para ayudarle. Por favor, tiéndase bajo la mesa hasta que le demos otra orden. Ya está a salvo.

Cuando estaba en medio del discurso, en la palabra «mesa», concretamente, Dithers irrumpió en la habitación.

—¡Al suelo, al suelo! —gritaba, al tiempo que, con su Koch MP-5 semiautomática, dejaba frito a Papá.

Al robot se le abrió el pecho y un fusible parpadeó y se iluminó más de la cuenta un momento, y luego se le apagaron las luces. Me di vuelta hacia Dithers y le dije:

—¿Qué carajo estás haciendo?

Pero él ya estaba al lado de Papá. Le arrancó la cara y dejó al descubierto el rostro picado de viruela, con sonrisa malvada, del maniquí que representaba al Terrorista de Oriente Medio (TOM) al que nos habían ordenado aniquilar. De la cocina salió un niño en pañales caminando torpemente y yo dije:

—Ahí va el número uno; lo tengo —y lo levanté y entré en la cocina, donde su padre estaba tendido en el suelo, aparentemente a causa de un golpe de tostadora que le había propinado el TOM.

El padre murmuró:

—Han tardado demasiado y ahora voy a morirme por culpa de ustedes. Si fuera una persona de verdad, ahora tendrías que vivir el resto de tu vida con el peso de mi muerte sobre tu conciencia, soldado.

Marty entró de golpe en la cocina y yo di un brinco y se me cayó el niño al suelo y aterrizó de cabeza.

—Qué imbécil —me gritó Marty.

El bebé empezó a aullar como un camión de bomberos, y entonces se oyó la voz opaca del capitán Larthrop desde el otro lado del intercomunicador:

—Por Dios todopoderoso, hijo mío, ¿dónde tienes la cabeza? Dithers, buen trabajo, pero parece que aquí el terrorista de verdad es quien tú y yo sabemos. —Quien-tú-y-yo-sabemos era yo—. Recojan sus equipos y a la sala de análisis, novatos.

De camino a la sala de análisis, Marty giró y me dijo:

—Buen trabajo, hijo de gay. La próxima vez, ¿por qué no matas al TOM dándole un abrazo y ya está?

Dithers empezó a reírse y dijo:

—Sí, H. G., ¿por qué no le das un buen beso la próxima vez?

Y entre aquellas risas nació mi nuevo nombre.

De la experiencia de casi-muerte de Dithers y de mi conversión espiritual al arte de curar, no de matar

Durante una semana, más o menos, su vida pendió de un hilo, pero al final conseguí que Dithers recobrara el conocimiento. Me gusta pensar que lo arranqué de las fauces de la muerte. Aquel primer par de días lo cuidé las veinticuatro horas. Temblaba y le castañeteaban los dientes, y no abrió los ojos en ningún momento. Yo le levantaba los párpados con cuidado y lo único que veía era blanco. Me pareció que a lo mejor tenía hipotermia y shock. Con un trapo húmedo le echaba gotas de agua en la boca. Le secaba sin parar el sudor de la frente con hojas. Le cambiaba los calzoncillos sucios. Había perdido litros de sangre. Le curaba el hombro con un vendaje que llevaba en el kit de primeros auxilios. Cuando las gasas se le empapaban de rojo, se las cambiaba. Y se las cambiaba sin parar. Al tercer día, la hemorragia cesó. Así, sin más. Y en medio de todo, hablaba con Dithers, que estaba en aquel estado febril, y le transmitía palabras de consuelo.

—Aguanta un poco más —le susurraba al oído—. Estás pasando por un mal momento. Has perdido el brazo derecho. Pero tú no te preocupes, y aunque haya gente que piense que eres un manco tullido, que se jodan. ¿Y sabes por qué, amigo mío? Pues porque ese brazo que te falta es un símbolo. Es un símbolo de la enfermedad que dejaste atrás cuando abandonaste la guerra.

Entonces hacía una pausa para darle tiempo a asimilarlo todo, y luego proseguía.

—Tú todavía no sabes que has abandonado la guerra. Pero, Dithers, óyeme bien, ahora ya puedes descansar. Porque todo eso ya pertenece al pasado. Ahora tenemos toda la vida por delante.

Cuando finalmente Dithers volvió en sí, parpadeó mucho rato y luego abrió mucho los ojos, como si ya no fuera a cerrarlos nunca. Sonrió.

—Hey —dijo—. Me alegro de verte. —Extendió la mano y me estrechó la mía—. Dios, cómo me alegro de verte, H. G. —Entonces me preguntó dónde estaba el resto del equipo—. ¿Dónde están los demás? —dijo, mirando a su alrededor—. ¿Dónde estamos? ¡Eh! —dijo—. No estarás pensando en intentar una aproximación, ¿verdad, H. G.? ¿H. G.? ¡Eh! No te pases conmigo —añadió con su sonrisa guasona.

De la campaña de propaganda que mi padre me ha enviado, en forma de cartas, desde que estoy en Oriente Medio

Querido hijo:

Me diviertes. Cuando dices que he deshonrado a mi país, al uniforme al que he servido y a la orgullosa tradición bélica estadounidense sólo porque prefiero hacer el amor con hombres que con mujeres, me estás dando aún más la razón, y es que el error más grande que he cometido en la vida ha sido meter la pija dentro de tu madre. Aquello sí que fue una «descarga deshonrosa». Eres el emblema de tu generación; pacato, creído, sin haber luchado por nada en la vida y sin ningún sentido de la historia. Pues te voy a contar un par de cosas sobre el honor. Yo luché contra los poderosos Vietcongs, y tú estás ahí, en la guerra del Golfo, sentado en el desierto, haciendo castillos de arena. Me meo en tu guerra, que para la historia tiene menos peso que el testículo de una hormiga. Ya estoy impaciente por leer las historias que los de tu generación van a escribir sobre su guerra. Fascinantes van a ser, seguro. Pero ¿qué sabes tú del honor, del sacrificio, de la muerte? ¿Y por qué estás luchando? Por el petróleo. Qué digno, qué noble, qué principios tan loables. ¿Cuál es el grito de guerra de ustedes? ¿«Lleno, por favor»?

Así que me importa un huevo que los de tu equipo se estén burlando de ti por tener un padre gay. Yo les he roto el cuello con mis manitos a varios imbéciles, y he bailado, ciego de opio, con el cadáver de un chino de mierda. He visto a un chico de Georgia salvarse la vida metiéndose él mismo las tripas dentro del cuerpo, con las manos. Di a Marty, o a Dithers, o a cualquiera de los de tu unidad, que si estuvieran aquí en este momento, los pondría en cuatro patas y «les partiría una cosita que yo sé».

Y ahora escúchame, hijo mío, porque voy a darte un consejo. Parece que estás herido, y que no estás entendiendo nada de nada. La próxima vez que te encuentres metido en una madriguera con Dithers, intenta que te haga una mamada. Por más énfasis que ponga al recomendártelo, nunca será suficiente, y creo que, si lo pruebas, al momento entenderás lo acertado de mi consejo. ¿Quién mejor que otro hombre sabe cómo hacer una buena mamada? En realidad, ése es mi único reproche. Cuando pienso en Vietnam y pienso en todas las noches solitarias que pasé, en la boca me queda el regusto amargo de todas las oportunidades perdidas. Del oscuro arrepentimiento.

DEL ESTABLECIMIENTO DE ALIANZAS Y DEL PRIMER PASO HACIA LA PROYECTADA COALICIÓN

No ha sido fácil acostumbrarse a estos chimpancés. Hay que ser muy asqueroso para llevar un felpudo de vello púbico por todo el cuerpo. Y los chimpancés lo llevan. Son sucios y apestan. Ahora mismo me llega su olor, y por eso tiendo a quedarme en este lado del búnker. Pero son mis amigos, al menos lo serán pronto. Los estoy adiestrando para que lo sean.

Después de instalarnos aquí, decidí ponerles nombres a los chimpancés. Ingrid, Ronald, Beverly, Lorraine y

Dennis. Ingrid es muy cariñosa, y, pasado el primer susto, lo primero que hizo fue acariciarme la mejilla. Su canción preferida es *Cumpleaños feliz*. Cuando se la cantas, se pone a dar volteretas. A Ronald le gusta hacer ruido de besos, y luego se pone a mirar a su alrededor como si no supiera de dónde vienen. Beverly es sorda. Tardé bastante en enterarme, pero un día, sin que se diera cuenta, me puse detrás de ella y di una palmada. Lorraine... bueno, Lorraine es como esos poetas que están por encima del bien y del mal; se pasa horas sentada mirando con esa expresión de superioridad. Y Dennis es un macho enorme, con bíceps gigantes. Lo he visto caminar arriba y abajo y montar a todos los demás chimpancés a su antojo, tanto a hembras como a machos. Yo, por si acaso, no le quito el ojo de encima. Si se están preguntando cómo puedo estar tan seguro de cuáles son los machos y cuáles las hembras, les diré que se nota que no han visto nunca a un chimpancé en persona, porque el pene de un chimpancé no pasa precisamente inadvertido.

No fue sino hasta más tarde cuando volví a meterlos en las jaulas. Evidentemente, me fue imposible saber si los estaba metiendo en sus jaulas respectivas, pero no me importó. Una jaula es una jaula es una jaula.[1] Al principio la idea no acababa de convencerlos, y Dennis y Lorraine intentaron llegar a la escotilla del búnker, pero yo siempre he sido rápido de reflejos, y a pesar de la rodilla herida, logré alcanzarlos. Y, bueno, no es mi intención pasar por encima de nadie ni hablar en nombre de los chimpancés, pero apostaría algo a que, si hablaran nuestro idioma,

---

1 Frase que viene de la famosa «Una rosa es una rosa es una rosa» de Gertrude Stein. (*N. del t.*)

dirían que prefieren esta nueva situación a la que tenían antes. Si no por otra cosa, al menos porque ahora están a salvo de Dennis.

De cómo expongo mi idea a Dithers, a quien le cuesta un poco ver la luz pero que al final la entiende

El castigo para los que desertan es una temporadita en las mazmorras. Así de simple. En las mazmorras pueden meterte estés donde estés, porque se trata de la ley militar, y te desnudan de pies a cabeza y te meten en «celdas de aislamiento», y todo ello en nombre de la justicia. Si haces demasiado ruido, te parten la mandíbula y te cierran la boca con alambres. Gastronómicamente hablando, la cosa se reduce a pan y agua. Una vez conocí a un marine ciego en un hospital para veteranos de guerra; un soldado joven que se había pasado tres meses en las mazmorras. Llevaba un vendaje blanco alrededor de la cabeza. Al parecer, un guardia le había dado con un palo en la nariz, y esas cosas que sirven para mantener las órbitas oculares en su sitio se le habían soltado.

—Ahora los ojos andan sueltos —me dijo—. Menos a su sitio, van a donde les da la gana. —Y empezó a desternillarse de la risa—. Mira. Me envían a casa y me dan la invalidez total siempre que no lo denuncie. Con sueldo completo.

Por eso, como algo en mi fuero interno me dice que no merezco pasarme el resto de la vida en la mazmorra, me cambié la identidad, metafóricamente hablando, y me rebauticé como *Ayudapersonas*. Me he puesto Ayudapersonas porque lo que hago es ayudar a las personas. Cada noche. Justo después de mi sesión de yoga, después de llevar mi mente al vacío, de hacer mi tabla de ejercicios, los Arco Iris pacíficos, las Cigarras, los Saludos al Sol, y de terminar con la Amplia Galaxia, me adentro en la oscuridad con mi kit de primeros auxilios y atiendo a los iraquíes errantes que están heridos, tirados a los lados de la autopista.

Y soy un alumno aventajado. He aprendido, además, las Artes del Desierto, y, propulsado por el aliento victorioso que siento que me penetra hasta las plantas de los pies, durante mis expediciones nocturnas por el Bien de la Humanidad soy, básicamente, un fantasma intocable. El secreto está en moverse con la tierra, no en contra de la tierra. Lo mismo una noche me infiltro entre las estrellas que otra me fundo con los miles de millones de granos de arena que forman el suelo del desierto. Me convierto en lo que haga falta, hago lo que sea necesario, porque ahora dejo que mi corazón me guíe a través de la locura. Siempre llevo mis prismáticos de visión nocturna. Sigo disponiendo de todo mi equipo: rifle, mochila, pala, chaleco, anorak, casco, máscara antigás, capelina, manta isotérmica, mapas, y, por supuesto, lo más importante de todo, mi kit de primeros auxilios.

Así que cuando Dithers salió del coma y estaba ahí tendido, sujetándome la mano, y empezó a acribillarme a preguntas, le dije la verdad.

—Dithers, ahora me llamo Ayudapersonas.

Arqueó una ceja.

—¿Ayudapersonas? —dijo con media sonrisa burlona y aflautando la voz.

Intenté valorar qué otras cosas podía contarle antes de seguir hablando.

—Sí. Ayudapersonas. Y me muevo con las Artes del Desierto.

Su sonrisa se hizo más amplia.

—Vamos, ¿de qué la vas? Tenemos que volver a reventar esos SCUD, ¿no? ¿Y la guerra nuclear? —dijo, sin dejar de sonreír.

Le conté que había visto a George Washington. Le dije que en realidad Norteamérica no tenía una cultura propia, y que lo del burrito era un símbolo de lo que les habíamos hecho a nuestros oprimidos vecinos mexicanos, y que los Estados Unidos habían despojado a otros países de sus elementos culturales y a continuación los había pasado por el filtro sádico y glamoroso del ultraconsumismo.

—Todo lo ponemos en letras de neón —le dije. Le conté que los Estados Unidos eran la patria de los defensores armados de la supremacía de la raza blanca, y que Charlton Heston era en realidad el sumo sacerdote del KKK. Le expliqué que los nativos norteamericanos eran obras de arte vivientes y que nosotros los habíamos matado. Que incluso el término «nativo norteamericano» era un oxímoron.

—¿Cómo vamos a luchar por un país en el que hace apenas cuarenta años no estaba mal visto linchar a un afronorteamericano? —le dije.

Y así seguí hablando mucho rato. Mientras le decía aquellas cosas iba arreglándole el vendaje del hombro, y me fijaba en que la sonrisa iba borrándosele de los labios. Me daba cuenta de que los engranajes de su cerebro empezaban a girar. Al final, ya sin aliento, me callé. Y en el mismo momento en que me quedé en silencio, él empezó a hablar. Lo que dijo le salió de la boca disparado, como si lo hubiera tenido todo el rato en la punta de la lengua.

—Bueno, H. G., entonces, ¿cuándo nos vamos de aquí y volvemos con los chicos?

—No nos vamos —le dije—. Eso es lo que te estoy diciendo. ¿Es que no me estabas escuchando?

—Yo en un par de días podría estar en condiciones —insistió, y estiró una pierna, tentativamente—. Claro que con esto se me va a hacer más difícil —añadió, señalándose el hombro vendado—. Pero estoy dispuesto a intentarlo. —Y al pronunciar esas palabras giró la cabeza despacio, alzó la vista y se quedó mirándome a los ojos.

Creo que la expresión de mi cara se lo dijo todo. Los ojos eran piedras candentes. Aguardé a que se diera cuenta por sí mismo de las idioteces que acababa de decir. Al final, apartó la mirada y la posó en la mesa y en los papeles y los libros esparcidos en su superficie. Vi que fruncía el ceño. Parecía como si estuviera dándole vueltas a algo en la cabeza.

Entonces volvió a mirarme con una sonrisa en los labios.

—Bueno, parece que has estado pensando bastante. Y me alegro de que hagas lo que estás haciendo. Ayudar a la gente, ¿no? Así me gusta. —Se miró el hombro sin brazo—. Porque, admitámoslo, de no ser por ti, seguramente yo ahora no estaría vivo. —Entonces alzó la vista para mirarme y la sonrisa se hizo más amplia—. Bueno, ¿qué te parece, Ayudapersonas? Dime una cosa, ¿tienes algo de comer por ahí? Por cierto, ¿aquí qué se come? Me estoy muriendo de hambre.

Carta de propaganda número 2

Querido hijo:

Todo el mundo dice que la «Tormenta del Desierto» es como un videojuego de la tele, pero por lo que estoy viendo, yo no pagaría ni un centavo para jugar. La verdad es que preferiría un partido de ping-pong —¿te acuerdas de las palizas que te daba?— o la máquina del millón. Quiero hacerte una pregunta. ¿Se aburren tanto luchando en esa guerra como nosotros viéndola por televisión? Por tu bien, espero que no. Porque tú ni siquiera puedes cambiar de canal con el mando a distancia. Rob se preguntaba el otro día si los quitarían del horario de máxima audiencia y los pasarían a la madrugada, con la teletienda, en caso de que los índices de audiencia de la «Tormenta del Desierto» bajaran demasiado. ¿Ya has disparado alguna vez el arma? En la radio nacional he oído que, en el golfo Pérsico, a los soldados les pidieron que ahorraran munición, así que durante los ejercicios de tiro tenían que hacer ruidos simulando las ráfagas de ametralladora. Oí a unos que hacían «Ra-ta-ta-ta-ta». ¿Pero qué guerra es ésta, en la que tienes que hacer ver que disparas? Carajo, pero si hay más muertos cada día en las ciudades estadounidenses que en lo que llevamos de «Tormenta del Desierto». ¡Crompton, California, es mucho más peligroso que Kuwait! No sé, si quieres demostrar tu hombría disparando a la gente, entonces mejor que vengas aquí a traficar con crack. A ver si así te encuentras con un poco de acción.

    Piensa un poco con la cabeza, hombre, y vuelve a casa, hijo mío. ¿Te has detenido a pensar siquiera por qué estás ahí? ¿Sabías que el gobierno norteamericano consideraba a Saddam un aliado contra Rusia e Irán, y que lo financiamos y le dimos armas? ¿Y que le dimos nuestro apoyo cuando se sacó al Hitler que llevaba dentro y gaseó a la población kurda de Halabja en 1988? Norteamérica se acuesta con el primer país de Oriente Medio que le haga el trabajo sucio. La política exterior estadounidense nos convierte directamente en putas. ¿Es que no ves que el gobierno te está utilizando como le da la gana? Te están tomando el pelo, hijo, ahora los que han heredado toda esa mitología son ustedes. No lo creas por nada del mundo.

Pero escúchame, si aun así insistes en seguir luchando, déjame que te dé otra lección de historia. ¿Sabías que casi todos los hombres de Roma eran gays? ¿Y sabías que los romanos fueron algunos de los soldados más poderosos que hayan pisado la capa de la Tierra? La explicación es que a dos jóvenes enamorados los enviaban a luchar juntos a los campos de batalla. Así, cuando un hombre tomaba las armas, no luchaba sólo para defender su imperio, ni siquiera para sobrevivir; luchaba para proteger a su amante gay, que estaba a su lado en el campo de batalla. A eso sí que lo llamo yo *esprit de corps*. Y esa mezcla ingeniosa de amor y campos de batalla generaba una fiereza y una agresividad en el soldado romano que no tenían parangón entre sus enemigos. Así que, si aún no estás seguro, párate a pensar en esto: ¿no estarías más dispuesto a luchar hasta la muerte si Dithers estuviera a tu lado y fuera el hombre con quien hubieras hecho el amor apasionadamente la noche anterior? Sólo quería sembrarte esta idea en la mente.

Como siempre,

Papá

De la gratitud de Dithers, y de su sentido de la sorpresa y de la ingenuidad, que parecía enmascarar otros motivos

Al principio Dithers me estaba tremendamente agradecido por haberle salvado la vida, y debo admitir que me gustaba que me demostrara su gratitud de aquella manera. Claro que en aquel búnker las cosas no eran fáciles para ninguno de los dos. Pero nos mantuvimos unidos, conformándonos con lo que teníamos. Era difícil, a veces hasta daba miedo, pero estábamos juntos. Arriba, en la autopista, el escenario era bastante desagradable. Estaba lleno de perros salvajes que se alimentaban de los cadáveres. A veces pasaba algún coche que, tras esquivar los trozos de vehículos que llenaban todos los carriles, se paraba a mirar el desastre. Las águilas ratoneras volaban en círculos. Y el hedor era a veces insoportable. No tengo ni idea de qué batalla había tenido lugar allí arriba, pero seguro que había sido de las gordas. Un día me tropecé con un ómnibus cargado de civiles volcado y totalmente carbonizado. Cuando abrí la puerta, sin poder remediarlo, vomité. Aún no le había dicho nada a Dithers, pero mi esperanza era que, algún día, cuando ya estuviera lo bastante recuperado, pudiera empezar a acompañarme en estas misiones. Claro que para eso aún faltaba bastante.

Y durante la primera semana, más o menos, Dithers y yo tuvimos algunas charlas interesantes. Yo le conté más cosas de mi reciente revelación, y él parecía escucharme con mucho interés. La verdad es que me habría sido difícil encontrar un público más entregado. A veces le hablaba mientras limpiaba las jaulas de los chimpancés, y me aseguraba de que se fijara bien en mis movimientos para que, llegado el momento, él también supiera cómo hacerlo.

—Roger, esto… Ayudapersonas, yo no podría haberlo dicho mejor —me decía mientras se comía una ración de comida de supervivencia con sabor a pollo *à la king*. No había duda de que a Dithers se le había despertado el apetito durante su estancia en aquella tierra de nunca jamás. Pero a mí no me importaba, porque teníamos comida de sobra.

De todos modos, en cierto momento, empecé a percatarme de que Dithers quería volver a la matanza, a la carnicería. También me dio la sensación de que quería retroceder para ver si encontraba su otro brazo. Eran sólo corazonadas mías, porque no tenía evidencias concretas de que estuviera pensando en eso.

—¿Sabes que hoy en día te vuelven a coser estas cosas? —me decía, por ejemplo, levantando el brazo izquierdo—. No es que me queje ni nada, no me interpretes mal. Pero la verdad es que habría sido genial que me hubieras recogido el brazo antes de salir corriendo. ¿Quién sabe? A lo mejor podríamos haberlo cosido.

Y otras veces, después de una explosión fortísima, de esas que de vez en cuando hacen temblar el búnker y del techo se desprenden trocitos de yeso que caen al suelo haciendo tirabuzones, Dithers se levantaba del colchón que le había preparado y me decía:

—¿Qué crees que está pasando ahí arriba, ¿eh? ¿Qué crees que ha sido eso, Ayudapersonas?

Su curiosidad parecía ocultar otros motivos. Por las mañanas, cuando regresaba, bajaba la escalera, alterado por los rescates de la noche anterior, y casi aterrizaba sobre Dithers, que estaba allí, supongo, mirando la escotilla. Yo sabía que no podía escapar. Porque, cuando me iba, ponía una piedra grande encima para que no pudiera abrirse. También lo hacía para asegurarme de que nadie, desde fuera, la descubriera por causalidad al pasar por allí. Era un sistema perfecto, simple. Entonces, una mañana, volví y me encontré con que Dithers había estado revisando mis cosas y había encontrado los mapas.

—Mira lo que he encontrado —me dijo.

Yo no le respondí. Supuse que estaba aburrido y que ya se le pasaría el interés. Pero empezó a pasarse todo el rato mirando los mapas. Demasiado rato, en mi opinión. Llegaba al búnker y me lo encontraba con los mapas extendidos sobre la mesa, y escribía notas en los márgenes con la mano que le quedaba. Alzaba la vista del mapa y me decía:

—Dime una cosa. ¿Dónde estamos nosotros exactamente, Ayudapersonas? ¿Cuáles son las coordenadas, Ayudapersonas?

Yo sólo esperaba no estar volviéndome paranoico.

Al final tuve que quitarle los mapas.

—Estamos aquí para celebrar la vida —le dije, doblando los mapas y metiéndomelos en un bolsillo de la sahariana. Entonces puse la mano en forma de tubo y me la puse en el ojo, para darle a entender el Caleidoscopio de la Vida—. ¿Qué más da el sitio exacto?

Los ojos le brillaron, y me dijo:

—La vida, claro, sí. Seguro, la vida, Ayudapersonas. La vida.

Pero notaba que lo estaba perdiendo. Y sabía que iba a tener que hacer algo para ayudarlo a ver las cosas a mi manera. Tenía que hacerle amar la nueva vida que había encontrado allí, igual que yo. Sabía que teníamos que unirnos más, hacernos amigos, y que aquello iba a requerir de cierta inversión personal por mi parte. Porque no podemos pretender que alguien se interese en lo que nos preocupa si ese alguien no ve que nosotros también nos interesamos por él.

Carta de propaganda número 3

Querido hijo:

Lo que yo digo es: ¿qué negocios tienen los Estados Unidos en Kuwait? Porque si la cosa es la defensa de ciertos ideales, ¿entonces por qué no van a todos los demás sitios del mundo en los que también hay opresión? Ya te lo digo yo: pues porque no hay petróleo. El gobierno de Norteamérica no es ni mejor ni peor que los demás gobiernos. La única diferencia es que en este momento disponemos del cuento más original e innovador del mundo, y por él nos regimos. Me estoy refiriendo a nuestra Constitución. A lo largo de la historia, los pueblos que han tenido más éxito han sido siempre los que mejores cuentos han sabido contar, porque son los que saben cómo modificar la realidad con un relato que justifique sus instintos más crueles y su deseo de supervivencia. Nuestros ancestros, esos mentirosos, esos cuentistas, han dado a Norteamérica un mecanismo con el que sentirse moralmente justificada cuando hace lo mismo que cualquier otro país: asesinar, conquistar, propagar su población, generar ingresos y lujos. Estados Unidos, que se denomina a sí mismo piedra de toque de la libertad, llegó a esta tierra y mató a los nativos norteamericanos que vivían aquí antes que nosotros. Estados Unidos, que se denomina a sí mismo piedra de toque de la libertad, compró africanos a los holandeses y los encadenó. Y no me lo discutas, porque las evidencias son demasiado numerosas y no me caben en este papel. Pero nosotros no estamos solos en nuestra hipocresía. Todos los gobiernos son igualmente culpables, así que parece que el hombre está condenado desde el momento en que empieza a vivir en grupo. Pero en esta reciente etapa de la historia, con eso de la superpoblación, el hombre está condenado si no vive en grupo. Por eso estoy con Rob. Por la noche, con la luna tenue que se cuela por la ventana y con la pija dura de Rob en la mano, todas las preocupaciones del mundo parecen desvanecerse.

De mi campaña para restaurar el honor y la heterosexualidad de mi padre

Por causa de mi padre fui objeto de todo tipo de humillaciones. Mis compañeros decían cosas del tipo:

—Eh, H. G., ¿te daba miedo que tu padre te arropara en la cama por las noches? Y si te leía algún cuento, ¿qué era? ¿Algo así como los prolegómenos?

Yo estaba profundamente avergonzado, hasta tal punto que ni siquiera se me ocurría señalarles que estaban reproduciendo los absurdos tópicos que rodean a las personas gays: que son más propensos a la promiscuidad, que suponen una mayor amenaza para los niños. Todo aquello era ridículo, pero también lo era mi padre. Con los gays no había ningún problema, en teoría, pero la práctica ya era otra cosa, y más si se trataba de tu propio padre, que además en aquel caso era tu héroe absoluto. Mi padre había deshonrado no sólo su hoja de servicios al país, sino también la mía. Éramos el hazmerreír de todo el mundo. Uno siempre tiende a pensar que su padre no va a hacer nada que lo convierta en el blanco de todos los chistes. Y yo no tenía ni fuerzas para contraatacar cuando mis compañeros se metían conmigo, porque en cierto sentido sabía que tenían razón. Lo único que deseaba era matar a mi padre por lo que estaba haciendo.

Evidentemente, yo ya sabía desde hacía tiempo que, después de volver de Vietnam, mi padre había coqueteado con el comunismo. Había visto las banderas rojas en el desván. Sabía que mi padre había conocido el desencanto que invadió a tantos soldados de su guerra. Y además, mi padre había pasado por una experiencia horrible: mi madre. La había conocido en China Beach. Se había enamorado de ella y se la había llevado a los Estados Unidos. Pero allí las cosas empezaron a torcerse, porque mi madre abrazó al ciento por ciento el estilo de vida estadounidense, y se pasaba los días enteros en los centros comerciales y en los salones de belleza, para gran disgusto de mi padre. Se distanciaron mucho y, cuando veo fotos de mi madre en Vietnam, de pie al lado de un ciclomotor, en minifalda y sin maquillaje, no puedo creer que sea ella. Y cuando un día llegó a casa del salón de belleza con unas uñas postizas larguísimas con rayado de cebra, mi padre se puso como loco y le empezó a gritar que si se había enamorado de ella era precisamente porque no era como las mujeres norteamericanas, pero ella no lo entendía. Porque mi madre no hablaba inglés. Al final se pasó de la raya y sin decírselo a nadie se operó los pechos para ponerse unos implantes en el consultorio de un médico que había visto una noche en un reportaje de televisión. Pero hubo complicaciones (el médico dijo luego que él ya le había advertido que la talla 36-D era excesiva para su pequeña estructura ósea, y nos enseñó los documentos que había firmado y con los que lo eximía a él de toda responsabilidad —la firma era la habitual X), y su corazón se paró para siempre bajo el peso de tanta silicona. A mí me afectó, pero por el tema del idioma la verdad es que no teníamos una relación demasiado estrecha. Y además yo sólo tenía ocho años cuando pasó todo eso. Aunque me acuerdo de algunas cosas, como por ejemplo de que por la noche me canturreaba preciosas canciones vietnamitas y me acariciaba el pelo. Así que, bueno, era verdad que mi padre lo había pasado muy mal, pero eso no justificaba la vergüenza que estaba haciéndome pasar.

Un par de días antes de embarcar rumbo al golfo Pérsico me subí a la moto, una Kawasaki Ninja, y me planté en Raleigh, Carolina del Norte, para poner punto final a todo aquello. Durante el trayecto, dentro del casco me bullían ideas de esperanza, y me veía a mí mismo sentado a la mesa, solucionándolo todo de una manera razonable. Se me ocurrió que a lo mejor serviría de algo hacerle saber a mi padre lo importante que era para mí. A lo mejor todo eso de ser gay le venía de una baja autoestima, pensaba yo. Así que llegué a toda carrera y me metí en casa por la puerta trasera y vi a un señor con bigote sentado a la mesa del comedor, y en aquel momento mi padre entró con un delantal y sus sandalias de cuerda y me dijo:

—¡Hijo, qué sorpresa! No tenía ni idea. Hola. —Y con las manos abiertas, como si fuera un mago, añadió—: ¡Tachán! Éste es Rob. Han oído hablar mucho el uno del otro. ¡Vaya! Éste es un momento muy especial.

Aquello era peor de lo que había imaginado. En aquella relación de pareja, mi padre había adoptado el rol de mujer.

Nunca me han gustado los hombres que llevan bigote. Es algo que me ha pasado toda la vida, un sentimiento muy profundo. Y siempre hay que hacer caso de los instintos más viscerales. Mi profesor de gimnasia de cuarto, el profesor Jenkins, que entraba en los vestuarios y nos miraba mientras nos cambiábamos, llevaba bigote. El hermano de mi padre, el tío Ray, que siempre estaba pidiéndole dinero para sus negocios fulminantes, llevaba bigote. Hitler llevaba bigote. De acuerdo con mi experiencia, un hombre con bigote es alguien que no juega limpio. Y aquel tipo no era una excepción.

Rob se levantó y pasó el brazo alrededor de la cintura a mi padre. Lo atrajo hacia sí mientras me decía:

—Encantado de conocerte. Estábamos a punto de comernos unas tortitas. ¿Te gustan? Son de arándano.

—¡Ni lo sueñes! —le grité—. ¿Tortitas? Carajo, ¿pero tú estás loco o qué? —Me daba cuenta de que la cara se me había puesto roja como un tomate—. ¡Escúchame bien! —añadí en el mismo tono, dando un paso adelante en dirección a Rob. Y entonces le dije sin muchos rodeos que volvería al día siguiente y que si lo encontraba en mi casa le daría una patada en el culo que lo enviaría directo a la Luna. Le dije que estaba enfermo, que estaba destrozando mi familia y que le cortaría la cabeza y se la metería por el culo.

Rob soltó una risita.

—Bueno, decídete. ¿Vas a darme una patada en el culo o vas a meterme la cabeza por el culo? Porque no entiendo cómo va a caberme la cabeza por el culo si antes te dedicas a enviarme a la Luna a patadas.

Mi padre se rió. Me fijé en el granero rojo que llevaba cosido en el delantal. Delante había una niña saltando a la cuerda, y detrás de una verja de madera había una vaca sonriente. Mi padre puso la mano en el hombro de Rob y le dijo:

—Tranquilo, Robby. Ya te dije que se pondría así. No le hagas caso. Es buen chico, y tiene un gran corazón, lo que pasa es que lo tiene mal orientado.

Yo sabía por qué se reía mi padre, y él sabía que yo sabía por qué se reía. Mi padre había sido todo diversión y juegos hasta que se volvió loco, y entonces se convirtió en la persona más temible del mundo, y sin duda habría podido darme una paliza monumental si le hubiera dado la gana. Yo no daba crédito a lo que estaba viendo. Mi padre estaba tomando partido. Así que hice lo que pensé que le haría más daño: anunciarle que, a partir de aquel día, yo no tenía padre.

—Para mí estás muerto, don maricón —le dije—. Espero de verdad que merezca la pena, porque a partir de este momento te has quedado sin hijo.

Al instante vi en sus ojos azules que le había dolido. Y aunque una parte de mí deseaba acercarse a él de inmediato y pedirle perdón, mis principios me lo impidieron. Me mantuve firme. Siempre había sido mi héroe, y lo que estaba haciendo ahora era horrible.

De aquello han pasado 107 días, y desde entonces no hemos vuelto a hablar.

De las jaulas y de por qué eran necesarias para garantizar la integridad personal y mantener el orden

La idea de emplear las jaulas me la dio Dithers. No es que fuera idea suya. La idea fue mía, pero se me ocurrió gracias a él. Porque cuando tenía que dejarlo solo para ir a mis expediciones nocturnas, me daba cuenta de que aún estaba demasiado débil para defenderse de los chimpancés. Al volver de una de mis misiones por el Bien de la Humanidad vi que éstos habían arrastrado a Dithers hasta el fondo del búnker y estaban dándole puñetazos y saltándole encima. Dithers gritaba:

—¡Ayudapersonas! ¡Ayudapersonas! ¡Ayudapersonas!

Al acercarme, lo primero que vi fue que Ingrid tenía el dedo gordo del pie de Dithers metido en la boca.

Así que decidí meterlo en una de las jaulas que había al fondo de la sala grande. Y funcionó. Volvía por la mañana y me encontraba a los animales aporreando la jaula con los cartuchos de munición que había esparcidos por el suelo, pero sin poder entrar. Y cuando yo aparecía en lo alto de la escalera, se iban corriendo hasta el fondo del búnker. Supongo que ayudaba el hecho de que yo llegara con las manos cargadas de piedras. A los chimpancés no les gusta que les tiren piedras.

Al final ya no dejaba que Dithers saliera de la jaula. Yo siempre estaba entrando y saliendo, y era un engorro meterlo y sacarlo cada vez. Al principio no pareció importarle, incluso decía encontrarlo lógico, pero cuando ya tenía el muñón casi curado, empezó a suplicarme que lo dejara salir.

—Escúchame, Ayudapersonas. Quiero estirar las piernas. Lo limpiaré todo, pondré un poco de orden. Limpiaré las jaulas. Ya vuelvo a estar fuerte. Puedo hacerme cargo del cuartel mientras tú te dedicas a tus misiones por el Bien de la Humanidad. Te descargaré de trabajo.

—Dithers, para serte sincero, la verdad es que ya me he acostumbrado a que estés ahí metido. ¿Y si vuelvo un día y te confundo sin querer con un chimpancé y te tiro una piedra en la cabeza?

—Eso no va a pasar. ¿Cómo va a pasar eso? Si los chimpancés están en las jaulas. ¿Para qué vas a tirar piedras?

—Buena observación —admití.

Así que al final acabé cediendo. No estaba seguro del todo de fiarme de Dithers. Seguía haciendo cosas raras, pero algo en mi interior me decía que tenía que ser magnánimo y concederle el beneficio de la duda. Creo sinceramente que si quieres mejorar, debes aprender a confiar en las personas. Asumir riesgos y tener fe en ellas. Además, lo que decía Dithers era muy lógico. A mí me resultaba más útil fuera que dentro. Estaba más que harto de tener que limpiar aquellas jaulas asquerosas, y mi confianza fue recompensada. Porque aunque Dithers era manco, resultó ser un trabajador muy eficiente. Era como si usara el brazo perdido en beneficio propio, a modo de inspiración. Llegó incluso a hacer flexiones con un solo brazo. Bastante impresionante, la verdad. Era como si hiciera las cosas sólo porque en teoría se suponía que no podía hacerlas, dada su discapacidad. A mí aquello me parecía digno de respeto. Hasta se fabricó una especie de escoba con un palo y un tablón. Y mientras barría, cantaba canciones. Una vez lo oí cantando en voz baja *Amazing Grace*, que se ha convertido en mi canción favorita, por la letra: «Estaba perdido pero ahora me he hallado». Y empecé a canturrear yo también. Él alzó la vista y me miró, y nos sonreímos.

Sentí que entre los dos estaba empezando a crearse un vínculo que me parecía muy auténtico.

Breve sumario de mis misiones por el bien de la humanidad hasta la fecha

No es mi intención echarme flores, pero en el fondo se trata de eso. Así de claro. Es lo que justifica mi existencia misma. Así que me parece importante llevar la cuenta de todo lo que he hecho por los demás. En total, he administrado asistencia médica a veintisiete iraquíes, en su mayoría civiles. Hago una muesca en una pared del búnker por cada persona a la que ayudo.

A veces es un trabajo muy descorazonador, y nunca sabes con qué vas a encontrarte. Hará poco más de una semana llegué a lo alto de una duna y vi a un iraquí joven casi sin respiración junto a la autopista. Presentaba una herida muy fea en el pecho. Tenía una tupida mata de pelo, una gran nariz y un bigote. Era sensible; se le notaba en los ojos, que tenía muy abiertos. Mecía la cabeza adelante y atrás. Cuando me arrodillé frente a él, le vi todos los poros de la cara.

El pecho le retumbaba cada vez que intentaba respirar, como si alguien estuviera agitando una lata con una piedra dentro. Ya había perdido el pulmón, así que no había gran cosa que pudiera hacer por él. Era bastante evidente que estaba a punto de hacer el gran viaje al Más Allá. A través del agujero abierto en el pecho se le veían las vísceras. El hígado resplandecía, blanco, a la luz de la luna. Ni siquiera parecía darse cuenta de que yo estaba a su lado. Pero nunca pierdo la esperanza, así que le presioné el pecho para que expulsara aire, y a continuación le cubrí la zona con un plástico y le apliqué la cura de primeros auxilios. La respiración se le calmó un poco, pero también cerró los ojos, lo que no era buena señal. Entonces le sostuve la mano y le dije:

—Vamos, amigo, hay otro mundo que te aguarda. Un mundo sin dolor. Un mundo en el que siempre se es joven. Date prisa, hermano.

Derramé una lágrima, que brilló en mi mejilla reflejando la luz de la luna. Le solté la mano, le quité el rifle y me adentré aún más en la oscuridad.

DE LA REHABILITACIÓN DE DITHERS

Sabía que tenía que hacer todo lo posible para asegurarme de que Dithers lo pasara bien. Y en las últimas dos semanas había hecho muchos progresos. Llegó un momento en el que nos pasábamos el rato charlando. Él me contaba sus sueños, y yo lo que había hecho la noche anterior, durante mi misión. En mi opinión, él no estaba aún lo bastante curado como para salir del búnker, por lo que, lógicamente, sentía gran curiosidad por saber cómo eran las cosas ahí arriba. Yo le hablaba de la carnicería de civiles inocentes. Y él me decía:

—La cosa está muy jodida. No sé si esa gente se da cuenta de la suerte que tiene de que estés tú por aquí para atenderlos.

Aquélla era una pregunta que yo mismo me había hecho muchas veces. Y era consciente de que, si Dithers veía las cosas de esa manera, los progresos que estaba haciendo eran auténticos. Veía acercarse el día en que los dos podríamos salir juntos. Estaba impaciente por que llegara, porque a veces las noches solitarias se me hacían muy duras. Y los incendios junto a la autopista no dejaban de arder, y la visión de todo aquello era algo deprimente para cualquiera.

Así que hacía lo que podía para acelerar la recuperación de Dithers. Un día, él estaba barriendo y yo le dije:

—Eh, Dithers, ¿has practicado yoga alguna vez?

Los chimpancés estaban profundamente dormidos, y el ambiente relajado del momento me hacía sentir generoso. Habiéndome beneficiado personalmente de una práctica sostenida del yoga, estaba ansioso por que él también disfrutara de sus cualidades.

Dithers puso los ojos en blanco, escéptico.

—¿Te refieres a eso que tú te pasas el día haciendo? ¿Lo de doblarte y respirar? ¿Eso de hacer nudos con el cuerpo?

Solté una carcajada. Nunca me había parado a pensar cómo me veían los demás cuando hacía yoga, porque para mí era algo totalmente espiritual. La idea era meterme tan dentro de mi cuerpo que llegara a olvidar que lo tenía. Ya sé que para mucha gente es más una cuestión de realización personal, de conectar mente, cuerpo y alma, pero para mí no.

—Sí —le dije sin dejar de sonreír—. Lo de los nudos.

Entonces Dithers negó con la cabeza y declaró sin rodeos que no, que no había practicado nunca yoga, y que eso era cosa de maricones. Opté por ignorar el comentario, porque me di cuenta de que no lo había dicho con mala intención, de que no pensaba en mi padre cuando lo decía, y le pregunté si le gustaría que le enseñara algunas posturas.

—Gracias, pero no. Tal vez en otra vida, Ayudapersonas —dijo Dithers—. Tú haz lo que tengas que hacer, que yo seguiré limpiando.

Y se fue hasta una esquina, alejándose de mí, barriendo enérgicamente.

Yo tomé su respuesta como un sí.

—Mira —le dije, quitándole la escoba de la mano y dejándola apoyada en la pared—, serán sólo un par de minutos. Y luego me lo agradecerás, te lo prometo. Si no te gusta, no tendrás que hacerlo nunca más.

Dithers puso una mirada ausente y dejó caer el brazo.

—Está bien.

Me acerqué a él y le apoyé una mano en la cadera. De pronto fui consciente de que era la primera vez que nos tocábamos desde que le había curado la herida.

—Vamos a intentar esto primero —le dije. Le enseñé a hacer la postura del Árbol boca abajo—. Ahora visualiza las raíces de tus pies que van creciendo lentamente bajo la tierra, anclándote a este lugar —le dije. Me agaché y le corregí la postura de una pierna. Él soltó una breve carcajada.

Lo miré con cara de pocos amigos.

—Lo siento —dijo—. Me ha parecido gracioso, no sé.

Nos pasamos el resto de la tarde practicando posturas. Le enseñé a pasar con gracia de una a otra. Empezamos a sudar bastante. Hubo algunos momentos de olvidos algo embarazosos, como cuando le pedí que levantara los dos brazos al aire, pero estábamos de buen humor y me perdonó la metedura de pata. De pronto era muy tarde. Lo estábamos pasando tan bien que decidí saltar mi misión por el Bien de la Humanidad aquella noche y quedarme con él practicando yoga y charlando de cosas. Dithers me contó que su padre era albino. Y alcohólico.

—Era bastante triste —me dijo—. Pero creo que mi padre bebía para olvidar.

Entonces me explicó que cuando su padre se ponía violento con su madre, cuando la empujaba y le gritaba, él siempre se ponía en el medio para evitar que le pegara. Le dije que siempre había sabido que tenía buen corazón, y que aquella historia era la prueba. Se hizo un momento de silencio.

—Esto no se lo había contado nunca a nadie —me dijo mirándome. Me di vuelta y advertí que el sudor lo envolvía en un halo de vapor.

—Estás todo sudado —le dije.

Miré a los chimpancés, que estaban en sus jaulas. Ellos me miraban fijamente, pacientes, expectantes. Dennis gruñó:

—Hu-Hu-Ha.

Me di cuenta de que aún no les había dado la cena.

—Eh, Ayudapersonas. —Dithers se me acercó un poco más—. Lo siento.

Todo estaba muy tranquilo. Y yo notaba una extraña vibración que no sabía explicar.

—¿Qué cosa?

—Haberte llamado hijo de gay. H. G. En la base. Por haberte hecho la vida imposible. No estuvo bien.

Me dijo que era culpa de su inseguridad, por su padre. Intenté visualizar a Dithers como albino.

Entonces le dije no te preocupes, mi padre es un maricón de mierda, y lo odio a muerte por ello.

—Así que no te preocupes, no pasa nada. En serio. —Y entonces me levanté y tomé unas raciones de comida de supervivencia y se las di a los chimpancés.

Carta de propaganda número 4

Querido hijo:

No hay duda de que la guerra ha cambiado, y sinceramente creo que lo que de digno pudiera haber tenido en el pasado ha desaparecido a causa de toda esa absurda tecnología. Ayer por la noche, en el programa «Nightline», vi un reportaje sobre una avioneta pilotada por control remoto, dotada de una cámara de video, un Vehículo Despersonalizado, o algo así, que volaba sobre el golfo Pérsico, y un grupo de soldados iraquíes se acercaba corriendo y haciendo ondear banderas blancas. El presentador del programa no paraba de decir que aquél era un momento histórico del desarrollo bélico, porque era la primera vez que unos seres humanos se rendían ante una máquina. Y yo pensaba, vaya, vaya, ¿y éste es el cuarto ejército más poderoso del mundo? ¿Cómo se miden estas cosas? ¿Elaboran campanas de Gaos o algo así? Porque entonces, ¿cómo será el quinto ejército más poderoso del mundo? ¿Te das cuenta de que los ciudadanos iraquíes ni siquiera desean esta guerra, y que Saddam Hussein les ha impuesto un servicio militar obligatorio, de manera que cuando matas a soldados iraquíes estás matando a personas inocentes que no están ahí por voluntad propia? He leído en la prensa que casi todos los soldados iraquíes son niños y ancianos. ¿Qué te parece eso? ¿Y por qué crees tú que nuestro gobierno no permite que ningún periodista se acerque a los escenarios del conflicto? ¿Porque hay censura? Nos están negando la libertad que afirman estar defendiendo con la presencia de ustedes allí. ¡Ja!

Rob me ha estado haciendo muchas preguntas sobre mi experiencia en Vietnam, y últimamente no he podido dormir bien porque todos esos recuerdos vuelven a asaltarme. A veces siento que vuelvo a estar hasta el cuello de mierda, y el olor de los arrozales y los búfalos de agua me llega hasta la habitación. Rob me ha hecho ver que a lo mejor he sido demasiado duro contigo. Rob me ha dicho que cómo quieres que tu hijo te entienda si ni siquiera le has hablado nunca de tus propias experiencias en la guerra. Mientras me lo decía, tenía en la mano mi Medalla de Honor, porque me había dicho que quería verla. Ya sé que tú me consideras un héroe, pero quiero que sepas que no lo soy. Lo que hicimos allí no tiene nada de heroico. Yo entonces era un joven enfermo. A veces creo que Vietnam es la resaca que Bush quiere curar con una tonta victoria en Iraq. Porque, si lo miras en perspectiva, allí nos dieron una buena paliza, ¿sabes? No te dejes engañar, los del NVA[2] y los del Vietcong son los guerreros más duros y bestiales con los que los Estados Unidos se han enfrentado nunca. El gobierno nos engañó para que hiciéramos esa guerra con todas esas estupideces de los héroes de la Segunda Guerra Mundial. Usaban palabras como «Mal» y «Honor», y nos recordaban las acciones de nuestros padres para hacer que nos entraran ganas de ir a la guerra y ser también héroes, como ellos. Nos incorpo-

---

2 North Vietnamesse Army, Ejército de Vietnam del Norte. (*N. del t.*)

ramos a un conflicto que había empezado hacía veinte años, y nos molieron a palos.

Eso por no hablar de las cosas que vi. Estabas patrullando y llegabas a un campo de minas lleno de chinos destrozados. Había partes de cuerpos esparcidas por todas partes, brazos, piernas, mitades de cabezas, un torso con las costillas salidas, una rótula, y el caso es que llegó un momento en el que ya no miraba, me daba igual. ¿Qué le pasa a una persona cuando eso empieza a darle igual? Te olvidabas de que los vietnamitas también eran personas. Una vez, estaba cruzando a gatas por un túnel subterráneo, porque nos habían dicho que al otro lado se encontraban unos oficiales del ejército enemigo, y oí unas voces y pensé, ahí están, carajo. Así que llegué arrastrándome hasta el sitio del que venían las voces y lancé una granada y pum. Cuando entré para inspeccionar los daños, ¿sabes qué me encontré? Una sala llena de mujeres. Iban vestidas como para una celebración religiosa o algo así. Estaban todas muertas. Puedo contarte cientos de historias como ésta. Con lo que haces en la guerra tienes que vivir el resto de tu vida. ¿Y cómo voy a vivir yo con algo así? Dime cómo.

PAPÁ

DE CÓMO POR FIN LLEGÓ EL DÍA EN QUE DITHERS PUDO SALIR DEL BÚNKER

Al final llegó el día en que Dithers pudo salir del búnker. Desde hacía dos semanas nos llevábamos muy bien, y yo sabía que debía mejorar su resistencia física si pensaba venir conmigo en mis misiones nocturnas. Así que le propuse que saliéramos a practicar unos tiros, para fortalecer un poco el brazo. Salimos del búnker y nos alejamos unos trescientos metros de la ruta para que no nos viera nadie.

—Dios mío —dijo Dithers cuando vio la autopista desde la distancia. Había coches quemados de los que se elevaban columnas de humo.

—Mira. ¿Lo hueles? —El olor a carne asada era más intenso que otros días.

Nos pusimos a jugar con una granada detonada, que nos lanzábamos el uno al otro. Me sentía como si volviera a ser niño, y los dos nos reíamos, especialmente porque Dithers tenía que aprender a lanzar con la izquierda, y se lo veía de lo más torpe.

—Intenta ayudarte con las caderas —le grité, después de recoger de la arena la enésima bola que había lanzado mal. Miré a Dithers, que tenía una sonrisa de oreja a oreja. El pelo le brillaba con el sol. En aquel instante decidí que teníamos que hacer el esfuerzo de salir más. Me eché hacia atrás para darme impulso, indicando con un gesto que se preparara, que iba a clavar el próximo lanzamiento.

De pequeño practicaba todos los deportes, pero mi preferido era el béisbol. En los campeonatos infantiles jugaba de tercera base con el equipo de la Buena Muerte, patrocinado por los seguros de vida de un cuerpo de bomberos. Mi padre no se perdía ningún partido. Ahí estaba siempre, con sus sandalias de cuerda, y con dos o tres incondicionales más. Y yo siempre hacía como que no me daba cuenta de que estaba ahí. Me tiraba en plancha para parar la bola y la lanzaba con fuerza para ganar el punto. Al derrapar para llegar a la base me caía y me rascaba la cadera. Y cuando me tocaba batear intentaba hacerlo con toda la fuerza del mundo, para sacar la pelota del campo. Sabía que muchos de mis compañeros creían que era imbécil por tomármelo tan en serio, pero no me importaba. Porque aquello no tenía nada que ver con ellos.

Lancé la pelota y Dithers se tiró para atraparla y se cayó de cara en la arena. Se incorporó riendo.

—¡Ja! No creo que a este paso me llamen para jugar en primera división —gritó. Se levantó un poco de brisa y desde la autopista me llegó el olor a carne asada. Intenté no pensar en todos aquellos cuerpos putrefactos.

—¡Eh! Tíramela en globo. Házmelo difícil.

Dithers se levantó, se echó hacia atrás y lanzó la granada hacia arriba, muy alto, hasta el punto de que me pareció que iba a romper el sol.

Me acuerdo de un partido en que íbamos perdiendo y era el cuarto juego. El entrenador me sacó de la tercera base y me puso de pitcher, porque ya había usado a todos los otros en partidos anteriores y porque supongo que pensó que no tenía nada que perder. Mi padre y yo habíamos sospechado siempre, secretamente, que yo sería muy buen pitcher; tenía buen saque, y aquélla era mi gran ocasión de salvar el partido y de demostrar al entrenador lo que mi padre y yo en el fondo sabíamos: que era yo quien debía ser el pitcher titular. Casi me pareció oír a mi padre incorporarse, lleno de emoción en las gradas, cuando me subí al montículo y empecé a hacer unos tiros de calentamiento. Y los clavaba, la verdad, y sentía que el mundo me sonreía y declaraba que yo era una de sus criaturas más maravillosas. Me toqué la visera. Me humedecí la punta de los dedos con la lengua. Hice un par de lanzamientos de prueba para calcular la distancia. Entonces el árbitro dijo:

—¡Lanzamiento!

Nunca me he sentido tan avergonzado en mi vida como durante todo aquel juego, hasta que nos eliminaron.

Las lanzaba todas desviadas. Hice que seis bateadores se colocaran en bases. Y cuando no las lanzaba desviadas, el equipo rival atrapaba todos mis tiros. Hasta los del banquillo se reían de mí.

Salí corriendo para alcanzar el globo de Dithers, me tiré en plancha, me puse casi horizontal al suelo y se oyó el chasquido sordo de la granada al caerme en la palma de la mano. Aterricé en la arena, victorioso.

—Carajo, amigo —gritó Dithers—. Increíble.

Me levanté y alcé la granada a modo de trofeo. Hice una reverencia.

—Te dedicaría una ovación de pie —comentó mirándose el hombro—, pero ya sabes que con una sola mano los aplausos no suenan igual.

Me puse rojo y noté que por todo el cuerpo me recorría un cosquilleo de emoción por esa buena jugada.

—Hey —prosiguió Dithers, que se acercaba a mí corriendo—. Ha sido alucinante. ¿Es que has sido profesional o qué?

De repente el rubor me abandonó la cara. Sentí que la realidad de la situación volvía a instalarse entre nosotros. Me vinieron ganas de vomitar con todo aquel olor a humo. Todos aquellos muertos. Si cruzaba corriendo la autopista, seguramente me atropellarían. De pronto, la cara bigotuda de Rob estaba frente a mí, flotando.

«Bueno, decídete. ¿Vas a darme una patada en el culo o vas a meterme la cabeza por el culo? Porque no entiendo cómo va a caberme la cabeza por el culo si antes te dedicas a enviarme a la luna a patadas.» Y entonces oí la risa de mariquita de mi padre.

—No, qué va —le respondí—. Pero me habría gustado.

Después de mi humillante experiencia como pitcher, no podía dejar de llorar en el trayecto de vuelta a casa. Tenía una lata de refresco de uva sobre las piernas y ni siquiera me había molestado en abrirla. Lloraba de la vergüenza que me daba llorar. Mi padre estaba muy serio y no me dijo nada en todo el rato. Yo notaba que no estaba enojado, que le dolía mi tristeza y que sabía que no podía hacer nada por aliviarla. Cuando estacionamos el coche, me apretó contra su pecho y me dijo:

—No hace falta que se entere tu madre. Tú entra y lávate bien la cara. Pero quiero que sepas que a mí no me importa lo que ha pasado en el partido. Estoy orgulloso de ti. ¿Me oyes? Eres mi hijo. No lo olvides nunca.

DE CÓMO LOS DÍAS EMPEZARON A DIFUMINARSE

Los días empezaron a difuminarse, y yo ya no me acordaba de que la vida fuera de otra manera. Por las noches cada vez había más iraquíes en la autopista intentando regresar a Bagdad. Había noches en que llegaba a atender hasta a tres personas. Mi única preocupación era la comida. Todavía teníamos muchas raciones de supervivencia, pero entre Dithers, los chimpancés y yo ya habíamos gastado media caja. Al anochecer nos acostumbramos a practicar yoga juntos, justo antes de que yo saliera de misión nocturna. Dithers tenía un don natural para el yoga. A veces, sin darme cuenta, perdía la concentración y salía del vacío, y al mirar a Dithers me daba cuenta de que estaba acurrucado en la postura de la Media Luna, con esa expresión serena en el rostro. Debo admitir que sentía cierta envidia.

Pero en una ocasión abrí los ojos y Dithers estaba de pie frente a mí, con esa sonrisa de oreja a oreja. Traté de disimular mi sorpresa.

—Dithers —le dije. No se me ocurría nada más—. Hola.

—Eh. Quiero que me enseñes esa postura que tú practicas.

Le dije que no sabía de qué me estaba hablando. Lo tenía muy cerca y no dejaba de sonreír.

—Sí, ya sabes, ésa que hay que tumbarse así. —Se tiró boca abajo. Estaba de lo más ridículo.

—Ah, quieres decir el Saltamontes Asimétrico. —Y me puse en la postura del saltamontes.

—Sí —me dijo, sonriendo aún más. Así que le enseñé cómo se hacía. Lo rodeé con los brazos poniéndole las extremidades en la posición correcta. Él estaba ahí estirado en el suelo, y yo me arrodillé a su lado.

—¿Y qué hago con esta parte? —me dijo señalándose la cadera—. Me parece que no está bien puesta.

—Mírame a mí —le dije. Me puse por debajo de él y, antes de darme cuenta, Dithers se puso de manera que mi mano le tocaba la zona de la ingle. Yo noté una sensación muy rara en el estómago. Una sensación extraña. Me agarró del cuello y me acercó más a él con mucha fuerza. Me pareció una muestra de agresividad.

—Ayúdame, Ayudapersonas —murmuró, pero el tono de su voz era amenazador, y yo tenía la mano atrapada entre su ingle y el suelo. Sentía que las cosas se estaban descontrolando por momentos, y aquella sensación extraña que sentía se me estaba extendiendo por todo el cuerpo.

—Ayúdame, Ayudapersonas —repitió, esta vez en voz más alta e imperiosa, como en un gruñido.

Yo torcí el codo, le di en la mandíbula y conseguí zafarme y ponerme de pie.

—¿Pero qué mierda haces? —grité. Los chimpancés se sumaron a mis gritos y se pusieron a enseñar los dientes y a chillar.

Dithers parecía sinceramente sorprendido de ver que me había puesto de pie. Se tocaba la cara. Me di cuenta de que tenía un cartucho de municiones en la mano. Lo tiró al suelo.

—Lo siento —dijo levantándose—. No sé qué me ha pasado. Creo que es el estrés. Me parece que esto de pasarme aquí encerrado tantas horas está empezando a afectarme. Para mal. Está bien, lo siento. Discúlpame, ¿sí?

Yo estaba confundido. No quería saber nada de todo aquello. No alcanzaba a comprender qué era lo que acababa de pasar, y la confusión se me iba convirtiendo en ira. Miré a los chimpancés con deseos de cortarles la cabeza. Empezaron a chillar de nuevo, como si me estuvieran leyendo el pensamiento.

Arrojé la escoba a Dithers y le dije:

—Toma, este sitio está hecho una pocilga.

Aclaración urgente antes de proseguir

No me importa de lo que puedan acusarme, porque lo cierto es que no soy gay. Eso quiero que quede muy claro. Lo más cerca que estuve de ser gay fue cuando iba a cuarto. Y eso pasó hace ya mucho. Pues para ser sincero, mi cuarto curso fue el más gay de mi vida. Me pasaba las horas de recreo jugando a las prendas en un rincón del patio. Y aquel día fatídico de finales de primavera, Freddie Slacknit se sacó del bolsillo una zanahoria que había robado en el comedor y me retó a que se la metiera por el «trasero». En el primer momento no supe qué hacer, y los demás niños me miraban con expectación, pero Freddie ya se había bajado los pantalones hasta los tobillos. Estuve a punto de irme. Pero al final Freddie tuvo que ir a la enfermería del colegio para que le sacaran la zanahoria, y al día siguiente la noticia llegó hasta la asociación de padres y de pronto empezaron a considerarme «cabecilla». Los niños empezaron a llamarme «Culo de conejo». Cuando me veían empezaban a darse palmadas en el culo y a gritar. Empezaron a celebrarse reuniones secretas en la asociación de padres. Los adolescentes del instituto pasaban delante de casa con sus coches y tiraban zanahorias y lechugas a nuestra casa. A los cinco meses yo estaba tan mal que tuvimos que cambiar de casa y trasladarnos a la otra punta de Raleigh, y yo cambié de colegio. Eso fue hace mucho tiempo. Lo tengo tan olvidado que ni siquiera me pareció necesario mencionárselo al agente de reclutamiento cuando me preguntó si era gay.

Carta de propaganda número 5

Querido hijo:

Hablar de esto me va a resultar muy difícil, pero lo hago por ti, para que reconozcas lo vacío del empeño de matar a otros seres humanos. Espero que cuando hayas terminado de leer esto ya te hayas dado cuenta de lo hueca que es la palabra «valentía» en el contexto bélico. Yo llevaba la locura de la guerra como quien lleva un traje barato, y eché la cerradura desde dentro para no poder salir ni queriendo. Un día estábamos patrullando cerca de la ciudad de Dak Tho, en la provincia de Quang Mgai. Nos había llegado el rumor de que el ejército de Vietnam del Norte podía encontrarse por allí, así que ahí estábamos, avanzando entre juncos de bambú. De pronto nos encontramos en medio de una emboscada. Mi compañero, Kitrick, cayó en una trampa para tigres. Gritó «¡carajo!» y todo se hizo oscuro a su alrededor. De pronto nos llegaron disparos de todas partes y yo estaba asustado y confuso. Nos echamos a tierra y a Gordon le habían destrozado la pierna de un tiro. Me agaché para verle la herida y Gordon se movió y algo me explotó en la cara y estaba ciego. Oí gritos y supe que el Vietcong venía hacia nosotros. Me sequé los ojos con las manos y se me llenaron de sangre, pero volvía a ver, y entonces me fui corriendo hasta un claro y empecé a disparar con la pistola. En total eran cinco desgraciados, y durante una fracción de segundo nos miramos todos y los colores fueron supervívidos, y era como si estuviéramos en un decorado y ésa fuera la escena que llevábamos toda la vida esperando, y entonces fue la pistola la que me guió la mano, la levantó y los tumbó a todos. Cuando terminé, empecé a llamar a los chicos para que se levantaran, pero todo estaba en silencio. El viento soplaba entre los juncos y era casi bonito. Todos estaban muertos, menos yo.

Por eso me dieron la Medalla de Honor. Dos misiones más y la mente se me cerró del todo, y ni siquiera pensaba en la matanza, eso me lo planteé después. Mi mente era una pizarra en blanco. Cuando volví al mundo, tuve que tomar un trozo de tiza y empezar a escribir la nueva historia de mi vida. Siento tener que contarte todo esto y que tú tengas que enterarte.

Ya no soy la misma persona que fui, hijo mío. Lee a Chomsky.

Como siempre,

PAPÁ

De cómo casi se descubre el pastel

Un par de días después de aquel extraño incidente durante la sesión de yoga, volví al búnker y vi una figura solitaria a lo lejos, un punto humano en el paisaje. Últimamente había habido muchos miembros de la Guardia Republicana por la zona, que hacían más difíciles mis misiones nocturnas. El sol empezaba a salir, sinfonía de rojo sangre y de luz que hacía sonar su coro de esperanza en el horizonte. Me preocupaba que pudiera ser un soldado iraquí merodeando alrededor de la escotilla para meterse en el búnker. A lo mejor se había sentado en la piedra y se había fijado en el destello del metal. Si eso era así, no sabía qué iba a hacer. ¿Tenía que acercarme por detrás sin que me viera y golpearlo con una piedra? ¿Y luego, qué? ¿Tendría que meterlo en el búnker para interrogarlo? Pero eso era imposible, porque no sé árabe, así que, ¿qué iba a hacer entonces? ¿Encerrarlo en una de las jaulas? ¿Qué pensaría Dithers? Además, seguro que lo extrañarían. ¿Cuánto tiempo podría mantenerlo encerrado? Porque, además, tampoco es que nos sobrara la comida. Ya estábamos empezando a quedarnos sin nuestras raciones de supervivencia. Y por otra parte no me parecía bien hacerle daño a alguien sólo por estar merodeando por allí. Aunque tampoco me gustaba la idea de que me descubrieran y me capturaran. Porque entonces, ¿quién curaría a los heridos errantes? Así que me tiré sobre la arena y avancé a toda prisa, arrastrándome en silencio, acercándome al iraquí por detrás hasta quedar a unos treinta metros de él.

Entonces lo miré con los prismáticos y constaté aliviado que se trataba de Dithers. Gracias a los lentes de aumento lo veía tan cerca que hasta capté una gota de sudor que le bajaba por la nariz. Ahora avanzaba muy de prisa por la autopista y no dejaba de voltearse para ver si lo seguían. Iba en dirección norte. Me preguntaba si se habría escapado algún chimpancé y si estaría intentando recuperarlo. Era consciente de que Dennis había estado actuando de manera extraña últimamente. Pero ¿cómo podía haberse escapado? Me di cuenta de que Dithers no estaba en el búnker subterráneo, que es donde me dijo que estaría, y me di cuenta de que si Dithers se hubiera quedado abajo, Dennis no podría haberse escapado de ninguna manera.

Me puse de pie.

—¡Dithers! —lo llamé—. ¿Qué estás haciendo?

Supongo que no me oyó, porque no se detuvo.

Volví a llamarlo.

—¡Dithers!

Esta vez sí se dio vuelta y me vio.

Lo saludé con la mano.

Y ahora viene la parte que me desconcertó y me dolió. Cuando Dithers me vio, empezó a correr alejándose de mí. En aquel instante, allí mismo, supe que si Dithers lograba volver, me aniquilaría. De pronto, todas las preguntas que había estado haciéndome me inundaron la mente.

—¿Cuáles son exactamente nuestras coordenadas? ¿Hay alguna marca en el terreno que indique dónde se encuentra el búnker? ¿Te has perdido alguna vez?

Y de ninguna manera pensaba dejar que me llevaran a las mazmorras. Mi único delito era haberme compadecido de los demás. No me fue difícil atraparlo. A pesar de mi cojera. Lo tomé por la espalda y lo tiré al suelo.

Carta de propaganda número 6

Querido hijo:

Tengo que confesarte algo. No pensaba decírtelo, pero Rob me anima para que me abra totalmente a ti. Dice que si soy tan exigente contigo, tengo que dar ejemplo, así que voy a contártelo todo. Quiero que sepas la verdad sobre tu madre. Ya sé que nunca estuvieron muy unidos por el tema del idioma, y porque murió trágicamente cuando tú sólo tenías ocho años. Y es verdad que muchas veces te mostré lo decepcionado que estaba de ella. Eso no tendría que haberlo hecho. Y puede que a veces te preguntes por qué, si era tan desgraciado, no me separaba de ella ni un momento. La respuesta es porque me sentía culpable. Cuando la conocí era una puta que se vendía por diez dólares en China Beach. A mi unidad le habían dado un permiso de veinticuatro horas. Como ninguno de los dos hablábamos el idioma del otro, nos comunicábamos con torpes y apasionados signos debajo de las sábanas. Cuando el fin de semana se acabó, tu madre se quedó a la salida del pueblo, con su chal rojo, blanco y azul sobre los hombros, mientras nuestro jeep se alejaba, y me decía adiós con la mano, con la cabeza llena de mis falsas promesas, que le había transmitido gracias a un traductor. Que volvería pronto a bordo de un yate gigante que se llamaba *El Poderoso*, y que me casaría con ella y me la llevaría a Norteamérica, donde viviría en una mansión dorada. Pero, como sabes, sí regresé a buscarla. Y aunque su vida fue triste y rara, siempre le estaré agradecido por haberme dado un hijo. Lo que te dije en la otra carta no era en serio, eso de que eras el peor error que había cometido en la vida. A veces me enfado y pierdo la calma.

Como seguramente ya habrás apreciado, Rob está siendo una buena influencia en mi vida, y me hace ir por el buen camino. Lo que empezó como gesto irónico, como protesta, que sigo manteniendo, se ha convertido en algo muy serio. Creo que estoy enamorado. Por cierto, ¿te he comentado que Rob no está circuncidado? Te confieso que al principio me alucinaba. Me parecía rarísimo. Pero ahora ya me he acostumbrado, y, a veces, cuando bajo la vista y veo mi propio aparato, me digo que preferiría no estar circuncidado yo tampoco, porque Rob me dice que así da más gusto, y la verdad es que por los ruidos que hace me lo creo. Pero dejando eso aparte, me siento avergonzado por tu manera de comportarte cuando viniste a casa y empezaste a gritar, justo antes de partir. Ya me doy cuenta de que todo esto no tiene que ser fácil para ti, pero vas a tener que hacerme caso en este tema. La homofobia es una de las cosas más feas del mundo, y nace de la ignorancia y del miedo. Lo único que te digo es que espero que le des a Rob otra oportunidad. Es muy buena persona. Y tiene un pasado muy interesante. ¿Puedes creer que se crió en Londres? Y me ha dicho que ya te ha perdonado y que está ansioso por llegar a conocerte. Estoy seguro de que si le dieras la oportunidad, podrían llegar a ser buenos amigos. Espero que reconsideres tu postura mientras estás ahí, y te des cuenta de que después de tantos años soy feliz, y eso debería decirte algo. La felicidad en este mundo no es fácil de conseguir.

 Con amor,

PAPÁ

DE CÓMO DITHERS VOLVIÓ A PASAR TODO EL TIEMPO EN LA JAULA

Ahora Dithers volvía a pasarse todo el tiempo metido en la jaula. Y yo empezaba a verlo como lo que era en realidad, un mentiroso, un intrigante, un cobarde. Cambiaba bruscamente de estado de ánimo y se pasaba el día gritando.

—¡Déjame salir! No le diré a nadie que estás aquí. Te lo prometo. Pero tengo que volver con los demás. Mi madre debe de estar preocupada. ¿Es que no entiendes lo mal que lo estará pasando? Por favor.

Y entonces se ponía a llorar. En otras ocasiones se enojaba y se ponía violento.

—Ayudapersonas, te mataré. Tienes los días contados, Ayudapersonas. ¿Ves esta mano? Pues voy a matarte con esta mano —decía, levantando su único brazo.

DE LA LUCHA COMO FORMA DE CONEXIÓN Y COMO MEDIDA PREVENTIVA CONTRA POSIBLES ATAQUES FUTUROS

Sólo dejo salir a los chimpancés de sus jaulas para los combates. La cosa ha sido idea mía, no de Dithers. Se me ocurrió que a los animales les vendría bien un poco de contacto físico. A Dithers parecía darle exactamente igual. Ni siquiera parecía ser consciente de que andaban por ahí. Como si se sintiera superior a ellos, o algo así. Muchas veces me daba cuenta de que se sentían solos y me acercaba a ellos y me ponía a hacerles caras. Pero Dithers no. Además, pegar a un chimpancé durante un combate de lucha me infundía ánimos, y sabía que si era capaz de ganarle a un chimpancé, entonces Dithers no tenía nada que hacer conmigo, en caso de que se le ocurriera intentarlo. Y eso que el brazo de Dithers era como una tranca, con todas aquellas flexiones que le había visto hacer. Pero si resistías cinco asaltos con Dennis, un tipo como Dithers no era nada. A pesar de la tranca. Por eso siempre celebrábamos los combates justo delante de la jaula de Dithers, para que no se perdiera detalle. En toda lucha, el ochenta por ciento es intimidación. Así que mi intención era hacer presión psicológica a Dithers para disuadirlo de intentar nada contra mí.

Hace un par de días, mientras luchaba con Roland, me vi en un apuro. Yo estaba agazapado, moviéndome en círculos con los brazos extendidos, como si practicara kung-fu, cuando de pronto pisé un cartucho de munición y me caí de espaldas. Desde que Dithers se pasa el día encerrado en la jaula, el búnker está muy sucio. Ronald me saltó encima y empezó a pegarme por todas partes. La verdad es que me sorprendió. En nuestros combates siempre había habido un espíritu de juego, pero en aquel momento Ronald no se controlaba para nada. Estaba dándome una auténtica paliza. Empezó a saltarme encima de la rodilla mala y vi que tenía el puño peludo delante de la cara. Me salía sangre a borbotones de la nariz. Como si estuvieran muy lejos, oí que los demás chimpancés empezaban a chillar, y luego llegaron las risotadas inconfundibles de Dithers. Gracias a los puños de cemento de Ronald, la visión se me hacía cada vez más borrosa. Decidí que tenía que hacer algo, porque la situación estaba a punto de ponerse muy fea, pero en ese momento me desmayé.

Cuando recuperé el sentido, vi que Ronald tenía un cartucho de munición en la mano, a punto de empotrármelo en la cabeza. Me di vuelta y logré empujarlo hasta dejarlo tendido en el suelo conmigo encima. Con las rodillas impedía que levantara los hombros. Empecé a darle puñetazos en la cara hasta que se quedó quieto. Entonces miré a Dithers y le grité:

—¿Qué? ¿Tú también quieres un poco? Pues ven a buscarlo, desgraciado.

Pero nada más decirlo me di cuenta de que había traspasado una frontera y me sentí mal, y luego intenté pedirle disculpas.

Beverly es la mejor luchadora. Tiene un juego de cabeza que bastaría para derrotar a un tiburón. Los chimpancés son cinco veces más fuertes que los seres humanos. Así que cuando gano a uno, me pregunto si no seré mejor que un ser humano cualquiera, si no seré una especie de súper ser humano.

Del extenuante enigma de la comida como fuente de energía

A pesar de mi impresionante derrota sobre Ronald, la situación con Dithers no hizo más que empeorar a lo largo de los dos días siguientes. Todo era de lo más desagradable. Y me preocupaba bastante, la verdad, porque cuando salía del búnker por la noche me preguntaba si Dithers conseguiría escapar. Siempre revisaba el candado de la jaula antes de irme, pero nunca se sabe. Ya no me sentía libre para expresar mi nuevo yo. Dithers estaba poniendo en peligro mi identidad de Ayudapersonas. No entendía cómo era capaz de hacerme una cosa así, considerando que le había salvado la vida y lo había ayudado en la rehabilitación de su brazo. ¿Cómo iba a poder dedicarme a la asistencia médica de las víctimas inocentes de la guerra si me pasaba el día preocupado por si el perturbado de Dithers me abriría la cabeza cuando regresara al búnker por la mañana?

Para empeorar las cosas, fue más o menos entonces cuando empezó a escasear la comida. Aunque había racionado con mucho cuidado las provisiones de emergencia, éstas estaban acabándose por momentos, y un día, sin más, ya no quedaba nada. Se habían agotado. Aquello no me gustaba nada, porque sabía que los chimpancés y Dithers cada vez tenían más hambre. Y no me parecía justo. Pero siempre he sido una persona de recursos, y al cabo de poco empecé a cazar lagartijas para que nos sirvieran de alimento. Unas lagartijas pequeñas, rosadas, que suben por las paredes de cemento del búnker y se meten por las rendijas. Son traslúcidas, y se les ven los minúsculos esqueletos bajo la piel. Los ojos son casi la mitad de grandes que el cuerpo, y parecen bolitas de vidrio. Lo único que no se les ve, prácticamente, son los pensamientos.

De mi esfuerzo por suprimir cualquier cosa que pudiera suponer una amenaza para mi nueva misión

Cazar suficientes lagartijas para alimentar a cinco chimpancés y a dos hombres lleva mucho tiempo, y me di cuenta de que cada vez dormía menos. Cuando podía, intentaba echar alguna cabezadita. Pero en sueños veía lagartijas. Y empecé a soñar que era una de ellas. Saltaba de un lado a otro en cuatro patas y la gente se reía de mí porque me veía las entrañas. Así que al final dejé de dormir del todo. Descubrí que no me hacía falta. Ya llevo varias semanas sin dormir, y ahora lo que me parece raro es haberlo hecho en el pasado.

De la encarcelación como forma de rehabilitación, porque me mantuve esperanzado y optimista

Seguía sin saber qué hacer con Dithers, pero aún no había perdido toda esperanza con él. Estaba confundido, pero era optimista. A veces es difícil hacer ver la luz a los demás. Estaba afectado, porque me parecía que todo el trabajo que había hecho se había echado a perder. Intenté por todos los medios hallar alguna forma de conseguir que le gustara nuestra nueva vida. Le pedí que buscara en su corazón. Le dije que me gustaría que me acompañara en mis misiones nocturnas. Estaba cansado de ser testigo solitario de todas las atrocidades de la guerra. Le rogué y le supliqué que considerara las cosas bajo mi punto de vista. Pero él no hacía más que gritarme. Yo tenía que taparme los oídos. Pero ni así me rendía. Llegué a ofrecerle que volviéramos a practicar yoga juntos. Pero él no dejaba de chillar. Le dije que cada vez se parecía más a su padre alcohólico y le dije que no tenía por qué ser así.

—Tú no eres albino, tú no eres albino —le dije.

Y entonces Dithers empezó a mostrar toda la negrura que llevaba dentro del corazón. Hablaba sin parar. Sin parar ni un segundo. Cada vez que intentaba hacer algo de yoga. Me gritaba. Así que tuve que olvidarme del yoga, y empecé a perder el equilibrio interior. El escándalo era total. No era capaz de pensar con la cabeza. El vacío se me escapaba cada vez más. Era como si las tapas de unos tachos de basura entrechocaran sin parar en mi cabeza, burlándose de mí, interrumpiéndome, llamándome hijo de gay, hijo de gay. Volvía al búnker y me estiraba con las manos sobre las orejas. Hijo de gay, hijo de gay, hijo de gay, hijo de gay.

De lo sucedido cuando se acabaron las lagartijas, y de la búsqueda de fuentes de energía alternativas

Se nos acabaron las lagartijas. En cierto momento me percaté de que ya no había más. Dithers me vio escarbando para ver si encontraba alguna y se dio cuenta de lo que estaba pasando y se echó a reír.

—¡Genial! ¿Qué vas a hacer ahora, hijo de gay? ¡Tengo hambre! —gritó. Pero acto seguido añadió algo muy curioso—. Cómeme —dijo en un susurro.

—¿Qué acabas de decir? —le pregunté, dando media vuelta.

—Que me comas. Estoy delicioso. Tengo buen sabor.

Esa segunda vez ya no me cabía duda de lo que había oído.

—¿Acabas de pedirme que te coma, Dithers?

Tenía una expresión rara.

—Cállate la boca, carajo, que yo no he dicho nada. No he dicho ni una palabra desde que has vuelto. Por una vez en la vida me estoy portando bien. ¿De qué carajo estás hablándome?

Pero a aquellas palabras siguieron más susurros.

—Cómeme, cómeme, cómeme. Estoy de rechupete. Mírame el brazo. Este brazo tiene un aspecto delicioso.

Me di vuelta y le miré el brazo.

—¿Qué mierda estás mirando? —me preguntó.

—No te molestes, Dithers, no me hacen falta tus jueguitos. Te he oído perfectamente la primera vez.

Me puse a rebuscar en mi mochila, pero al momento supe lo que iba a hacer. Fui hasta el fondo del búnker. Los chimpancés estaban silbando y gritando. Dithers no paraba de chillar. Entonces tomé un cartucho vacío de municiones y me acerqué a la jaula de Dithers.

Última carta de propaganda de mi padre, que recibí el día antes de asustar a Dithers y dejar la guerra

Querido hijo:

La idea de que he traído al mundo a un hijo que desea matar a otros seres humanos en nombre de su país me destroza el corazón. Te ruego que, por favor, no hagas las cosas que yo hice; te arrepentirás el resto de tu vida, te lo aseguro. El hombre no está hecho para saborear el dolor en los otros; es la perversión de la guerra la que propaga esta creencia. Debemos aferrarnos a lo que nos hace humanos, y no retroceder hasta la existencia animal. Yo sacrifiqué seres humanos, y matar se convirtió en un placer. No quiero que tú sientas en tu alma las negras cicatrices que yo tengo en la mía por culpa de Vietnam, así que, por favor, escúchame; esto ya no es broma, es lo más serio que te he dicho en la vida. Eres mi hijo, no lo olvides nunca.

Papá

De la inevitable liberación de Dithers

Abrí de par en par la jaula de Dithers, le lancé el cartucho de munición y fallé. Los chimpancés golpeaban los barrotes de sus jaulas y chillaban, y en medio de aquel caos cerré los ojos y apunté de nuevo. Pero esta vez fue distinto. Esta vez apunté con la confianza y la gracia del que sabe que va a conseguir un *home run*. Abrí los ojos. La jaula de Dithers estaba vacía. En aquella fracción de segundo me empujaron por la espalda y oí el chasquido amenazador del candado mientras la puerta de la jaula se cerraba de golpe. Me di vuelta, choqué contra los barrotes y caí. Dithers estaba exultante. Durante la siguiente media hora, mientras yo me limitaba a mirar al exterior con calma y me invadía la indignación, Dithers iba de un lado a otro metiendo cosas en mi mochila para emprender su viaje, y me informaba de que iba a alcanzar a Marty y a los demás y juntos volverían para matarme a palos y para esposarme y llevarme directo a las mazmorras.

—El juego ha empezado, imbécil de mierda. Espero que te gusten esos barrotes, porque te aseguro que vas a ver bastantes de ahora en adelante —dijo Dithers, antes de esfumarse.

Oí el ruido de la escotilla al abrirse y cerrarse. Una media hora más tarde conseguí abrir el candado con un clip que llevaba en el bolsillo y salí disparado del búnker. Era de noche y oteé el horizonte en busca de Dithers. Me pasé las horas siguientes recorriendo la autopista en los dos sentidos, hasta que salió el sol, ignorando al niño iraquí herido que me llamó cuando pasé por su lado a toda velocidad. Pero Dithers se había ido.

Y hoy volví y me puse a dar vueltas por el interior del búnker, consumido por la amargura, la rabia y una honda sensación de traición, pero al final conseguí que se me pasara, porque me di cuenta de que esas emociones no me hacían ningún bien. Me di cuenta de que si Dithers había hecho lo que había hecho no era porque fuera una persona odiosa, sino, sencillamente, porque está desorientado. Y lo más importante de todo: confirmé que soy una buena persona. Y esta misma noche, agotado pero con renovada determinación, me dispuse a iniciar mi misión por el Bien de la Humanidad, sin apenas nada, porque Dithers me lo ha robado todo, y accioné la manivela de la escotilla, pero estaba atrancada. Apreté más fuerte, pero no se movió. Entonces oí la vocecita burlona de Marty que me gritaba:

—¡Eh! ¿Qué tal por ahí abajo, Ayudapersonas?

Y estalló un coro de carcajadas que me dio a entender que ahí arriba había un buen grupo de gente. Oí la risa inconfundible de Dithers.

—¡Eh! ¿Qué pasa? ¿Es que no puedes salir? ¿Sabes qué? ¡Es que aquí hay una piedra enorme! ¡Ja, ja!

A continuación intervino Díaz en voz muy baja, que iba subiendo de tono progresivamente:

—¡Eh, ayuda, ayuda! ¡Ayúdame, Ayudapersonas, ayuda, ayuda!

Y entonces todos se sumaron a sus gritos y empezaron a corear:

—¡Eh, ayuda, ayuda, ayúdame, Ayudapersonas! ¡Ayuda, ayuda!

Y me duele, porque ellos no lo saben pero yo lo haría, los rescataría uno por uno si lo necesitaran. No hay océano ni extensión de tierra que no cruzara para salvarles la vida. Y ellos aquí, a cuatro metros de mí, haciendo todo lo posible por impedírmelo.

Agradecimientos

Mil gracias a las siguientes personas: Chris Rhodes, Jenny Minton, Ira Silverberg, Deborah Treisman, Dave Eggers, Bill Buford, Paul Maliszewki, Robert Coover, Ben Marcus, Lynne Tillman, Elena Wealty, Megan Hustad, Jesse Dorris, Jorge Hernández, Hank Denault, Lola Denault, Peter Semere, Virginia Ewing Hudson, mi hermano pequeño Kendall y, sobre todo, Sarah Raymont, por la tormenta.